紙模型でわかる
鋼構造の基礎

社団法人鋼材倶楽部 鋼構造教材作成小委員会 編

技報堂出版

社団法人 鋼材倶楽部鋼構造教材作成小委員会

主査	中村雄治	中村建築研究所 (元 広島大学工学部建設構造工学講座 教授) [まえがき]
幹事	南　宏一	福山大学工学部建築学科 教授 [1.3]
委員	高松隆夫	広島工業大学工学部建設工学科 教授 [1.2]
	玉井宏章	広島大学大学院工学研究科社会環境システム専攻 助手 [3.4, 付録]
	中山昭夫	福山大学工学部建築学科 教授 [2.4, 3.2]
	野添久視	広島工業大学環境学部環境デザイン学科 教授 [3.3]
	原田洋臣	福山工業高校建築科 教諭 [1.3]
	福原安洋	呉工業高等専門学校建築学科 教授 [3.5]
	藤谷義信	広島大学大学院工学研究科社会環境システム専攻 教授 [1.4]
	松尾　彰	広島大学大学院工学研究科社会環境システム専攻 教授 [1.1, 1.5, 2.1, 3.1]
	森村　毅	近畿大学工学部建築学科 教授 [2.2, 2.3]

(五十音順, [ ] 内は執筆担当箇所を示す)

まえがき

　建築界における著しい技術革新にともなって，大学，高専，短大，工業高校等における建築教育のあり方が最近問題になっている．

　そのため，鋼材倶楽部では，鋼構造の健全な普及促進を図るためには，鋼構造に関する教材を学生たちの視点に立って見直すことが不可欠であると指摘し，事業計画のひとつとして検討を進めてきた．一方，日本建築学会中国支部構造委員会では，大学の先生を中心に1992年10月に建築構造教育小委員会を発足させ，中国，四国，九州地区の教育の現状を把握し，将来展望に即した学習体系および教育体制の見直し，および新しい教材作成のための教育現場のアンケート調査を行う等，教育現場での問題点の把握を行っていた．そこで鋼材倶楽部では，日本建築学会中国支部と連携して，1995年4月より中国地区に「鋼構造教材作成小委員会」を発足させ，教材作成を重点的に推進することになった．

　鋼構造教材作成小委員会では，発足後直ちに上記アンケート調査で得られた教育現場での問題意識を検討した結果，建築を志す学生諸君に建築構造のおもしろさを中国・四国地方に現存する建築物，土木構造物を通して知ってもらうことが現在の教育現場で最も望まれていることではないかとの結論を得た．そのため，学生たちが構造物そのものを通して興味をもつように，各構造物の構造原理をやさしく解説した「おもしろ構造物探訪（中国・四国編）」を企画し，1997年3月に出版した．同書はその後，中国地方の各大学，高専で建築物見学用のテキストとして使用されている．

　当小委員会では，さらに次の活動として，"構造力学"の授業の理解を助けるためのサブテキストの作成が是非必要であるとの意見の一致を見た．すなわち，構造力学は数式による展開が多いため，学生にとって抽象的でなかなか本質が理解できず，そのために興味を失って，建築構造離れになってしまうことがよくある．そこで，その弊害を打破するために，自分自身で建築構造の模型を作り，荷重をかけたとき，どのように模型が変形するかを試すことによって，構造原理が自然に理解できるようにしたらどうかという考えが提案された．小委員会再発足後約1年間にわたる活動のなかで，各委員が多数の模型を試作し，載荷しては壊し，そしてその教育効果について熱心に討論を重ね，改善していった．そして生まれたのが第二作の「実験でわかる構造力学の基礎」である．この教材は，鋼材倶楽部建築鋼構造研究ネットワークを通じて全国の鋼構造系の先生方に配布されるとともに，現在全国の書店で販売されている．

　これらの実績を踏まえて，2000年4月，いよいよ教材作成小委員会は第三作として本命の"鋼構造編"にとりかかった．学生諸君が教材を通して，鋼構造の構造原理を理解することを目的にどのような教材を用意したらよいか，熱の入った討論を重ねた．最も議論が白熱したのは，模型を作るために使う材料を何にするかであった．候補には，木材，プラスチック，紙，鋼，アルミニウム等があがった．最終的には，学生たちが容易に入手でき，簡単に作れ，しかも気軽に実験できることを重視して，主に紙を使用することとなった．そのため，実験は定量的というよりも定性的にならざるを得なかった．これまでにも実験を対象にした教材がいくつか出版されているが，この教材ほど紙にこだわったものはない．あくまで学生諸君が自分で模型を作り，それに力

をかけて変形させ，そして壊してみることにより，鋼構造の基本的な構造原理を修得していくことを目的とした．書名もそのこだわりを強調して，「紙模型でわかる鋼構造の基礎」とした．各節とも，執筆者の先生方が創意工夫した提案を中心として，それに小委員会での熱心な討論を重ねまとめあげたものである．本書を使用される教官の方には，ここに示された提案をもとに学生たちを指導していただき，本書の良かった点，悪かった点を忌憚なくご指摘いただければ幸いである．

2001年7月

社団法人　鋼材倶楽部
鋼構造教材作成小委員会
主査　中　村　雄　治

目　次

まえがき

第1章　部材と座屈

1.1　H形断面におけるフランジとウェブの役割（ピン接合と剛接合） …………………………………………………………………………… *2*
1.2　横座屈と局部座屈 ……………………………… *8*
1.3　圧縮部材の座屈 ………………………………… *15*
1.4　開断面材と閉断面材 …………………………… *25*
1.5　紙模型梁強度コンテスト ……………………… *30*

第2章　接　合　部

2.1　薄板接合部の補強方法 ………………………… *34*
2.2　高力ボルト摩擦接合 …………………………… *40*
2.3　完全溶込溶接と隅肉溶接 ……………………… *45*
2.4　ブレース接合部の破壊形式 …………………… *49*

第3章　骨　　組

3.1　骨組の崩壊形と耐震安全性 …………………… *54*
3.2　ブレース付き骨組とラーメン骨組 …………… *58*
3.3　床の役割とブレースの配置，偏心率 ………… *62*
3.4　骨組の粘りと必要保有水平耐力の関係 ……… *71*
3.5　ラーメン構造紙模型の製作 …………………… *79*

付録1　模型材料，工具と計測用具 ………………………………… *85*
付録2　単位系の換算（重力単位系と国際単位系との相互関係） …… *88*

第1章　部材と座屈

1.1　H形断面におけるフランジとウェブの役割
　　　（ピン接合と剛接合）
1.2　横座屈と局部座屈
1.3　圧縮部材の座屈
1.4　開断面材と閉断面材
1.5　紙模型梁強度コンテスト

第1章 部材と座屈

1.1　H形断面におけるフランジとウェブの役割（ピン接合と剛接合）

(1)　実験の目的

　鋼構造部材は薄板で構成されており，作用する曲げモーメントやせん断力に効率よく抵抗できる合理的な断面形が採用されている．ここでは，H形梁を取り上げ，以下のことを明らかにする実験を行う．

① H形断面におけるフランジとウェブの役割を理解する．すなわち，フランジは曲げモーメントを主に分担し，ウェブはせん断力を主に分担することを知る．

② H形断面接合部においてフランジを接合せず，ウェブのみを接合したものはピン接合，フランジ，ウェブともに接合したものは剛接合として取り扱ってもよいことを知る．

(2)　梁　の　実　験

1)　準備するもの

・表紙用の紙（厚さ 0.7 mm 程度）
・木工用ボンド
・円筒形のマジックペン：2個
・カッターナイフ
・カッティングマット
・セロテープ
・台ばかり（容量 20 kgf 程度）
・大きめの買物用紙袋
・木片（3×10×30 mm 程度）：2個，木片の代わりに紙パンチファイルの細長い金具を長さ 30 mm に切断して使用してもよい．
・おもり（ボルト，ナットや本など）
・メジャー

2)　梁試験体の製作

　材料は，表紙用の市販の紙（厚さ 0.7 mm 程度）を使用する．試験体の断面は H-50×30（梁成 50 mm，フランジ幅 30 mm）とし，試験体は図1.1.1に示す5種類とする．すなわち

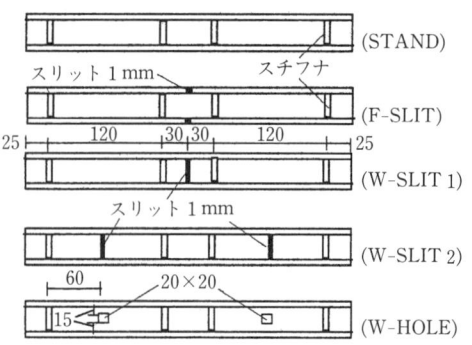

図1.1.1　梁試験体の種類

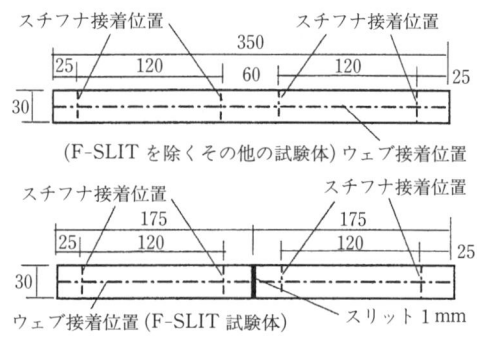

図1.1.2　フランジの切出し図（1試験体に2枚）

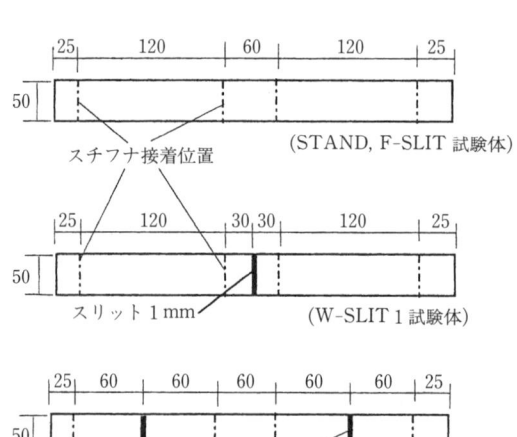

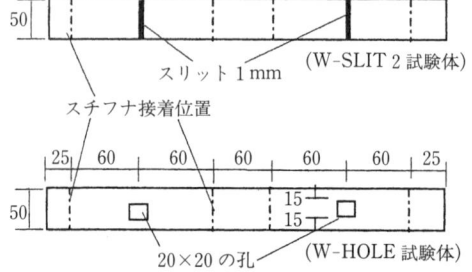

図1.1.3　ウェブの切出し図（1試験体に1枚）

① H形断面を有する標準試験体(STAND)
② 梁中央部フランジにスリットを入れてフランジの抵抗力を0としたF-SLIT試験体
③ 梁中央部ウェブにスリットを入れてウェブの抵抗力を0としたW-SLIT1試験体
④ 端部の支点から6cm離れた位置のウェブにスリットを入れてウェブの抵抗力を0としたW-SLIT2試験体
⑤ 同じ位置に20×20mmの正方形孔を入れたW-HOLE試験体

の5種類である．最後のW-HOLE試験体は設備配管用の円孔を想定したものであるが，直径20mmの円孔があけにくいので四角孔とした．

試験体の製作方法を以下に示す．
① 試験体1体当りのパーツ(フランジ2枚，ウェブ1枚，スチフナ8枚)を図1.1.2〜1.1.4のように切り出す．図1.1.2の一点鎖線は組立接着位置を示す．
② フランジとウェブをボンドで組み立ててH形断面を作る．その際，図1.1.4の右に示すようにボンドを十分に使用し，確実に接着する．
③ スチフナを所定の位置に接着する．

3) 梁の実験方法

載荷状態を図1.1.5，写真1.1.1に示す．スパンを30cmとする．以下に実験方法を示す．
① 支点は2つの机をまず15cmくらいに寄せて並べ，その上に円筒形のマジックペンをセロテープで30cm離して固定しピン支点とする．
② 試験体中央載荷位置にまず薄い木片または金属片をセロテープで固定する．これは載荷によってH形断面を変形させないためのものである．
③ おもりを入れるものとして大きめの紙袋を利用する．おもりを入れやすくするため手提げひもの上にもう1つひもをつけて長くする．そして，おもりを入れるとひもの

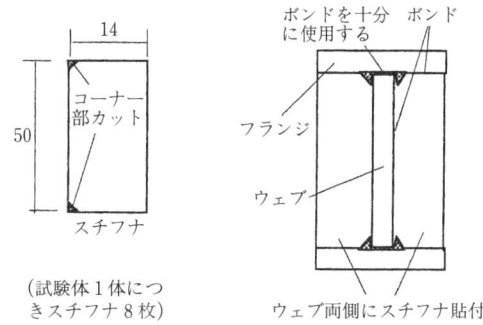

図1.1.4 スチフナ寸法と断面の組立方法

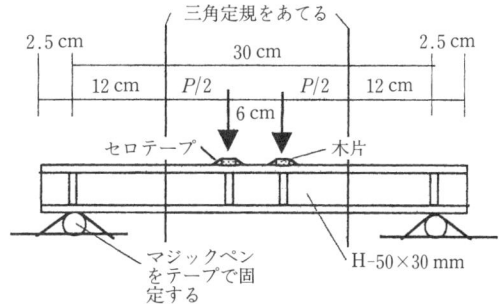

図1.1.5 試験体の概要

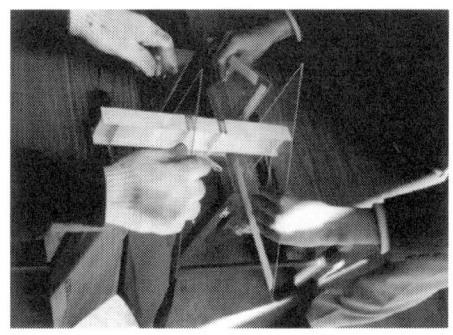

写真1.1.1 載荷状況

間隔が広がるので，荷重点の間隔が約6cmで一定となるよう左右のひも同士をひもでくくっておく．
④ 横倒れを防止するために，大きな三角定規を梁1/3点付近の左右4か所にあてておく．
⑤ 紙袋の中に本またはボルトなどのおもりを1つずつ入れていき，破壊した後にその重量を台ばかりで計測する．
⑥ 以上のように実験は，横倒れ防止に2

人，おもりを入れる人が1人，左右の支点（特にスチフナ位置）がピン支点の中心をずれないように監視する人が1人の，計4人で行うことが望ましい．

4) 梁の実験結果と考察

実験結果の例を表1.1.1に示す．ただし，台ばかりの目盛はkgで表されているので，9.8倍してN（ニュートン）に変換している．また，梁の曲げモーメント分布およびせん断力分布を図1.1.6に示す．同図には破壊位置b, cを示している．表1.1.1の最大荷重欄には終局時荷重のほかに，破壊に至った点の曲げモーメントMとせん断力Qを図1.1.6から求めて示している．同表中，F-SLITは最終耐力近くで圧縮フランジが相互に接触したため，少し高めの耐力になっているものと思われる．表1.1.1より以下のことがわかる．

① STAND，W-SLIT 1はせん断力0で曲げモーメント最大の梁中央c部で破壊した．フランジのみで抵抗するW-SLIT 1でも標準試験体STANDの約90%とほぼ同程度の曲げ耐力があり，フランジが曲げ耐力に果たす役割は極めて大きい．

② フランジが効かずウェブのみで抵抗するF-SLITを標準試験体STANDと比較すると，その曲げ耐力は約20%であり，ウェブが曲げ耐力に果たす役割は小さい．

③ W-SLIT 1は$Q=0$ N，$M=11.55$ Nmのc部で破壊した．$Q=0$なので曲げで破壊している．一方，W-SLIT 2は$Q=55.6$ N，$M=3.34$ Nmのb部で破壊した．両者ともフランジだけで抵抗し，W-SLIT 2のMはW-SLIT 1のMの約1/3であるので，W-SLIT 2が曲げモーメントで破壊したものとは考えられず，せん断力により破壊したものと推定される．これより，ウェブが抵抗できない場合はせん断力により破壊することがわかる．すなわち，ウェブは主にせん断力に抵抗している

表1.1.1 最大耐力

試験体	最大荷重 P_u 破壊点の曲げモーメント M 破壊点のせん断力 Q	備 考
STAND	$P_u=214.1$ N (21.8 kgf) $M_c=12.85$ Nm (1.31 kgf·m) $Q_c=0$ N	標準試験体 梁中央c部に曲げ破壊
F-SLIT	$P_u=46.1$ N (4.7 kgf) $M_c=2.76$ Nm (0.282 kgf·m) $Q_c=0$ N	梁中央c部フランジにスリット，c部に曲げ破壊
W-SLIT 1	$P_u=192.6$ N (19.7 kgf) $M_c=11.55$ Nm (1.28 kgf·m) $Q_c=0$ N	梁中央c部ウェブにスリット c部に曲げ破壊
W-SLIT 2	$P_u=111.2$ N (11.3 kgf) $M_b=3.34$ Nm (0.34 kgf·m) $Q_b=55.6$ N (5.7 kgf)	b部ウェブにスリット b部にせん断破壊
W-HOLE	$P_u=210.2$ N (21.4 kgf) $M_c=12.61$ Nm (1.29 kgf·m) $Q_c=0$ N $M_b=6.31$ Nm (0.64 kgf·m) $Q_c=105.1$ N (10.7 kgf)	b部ウェブに孔 梁中央c部の曲げ破壊とb部のせん断破壊がほぼ同時に生じた

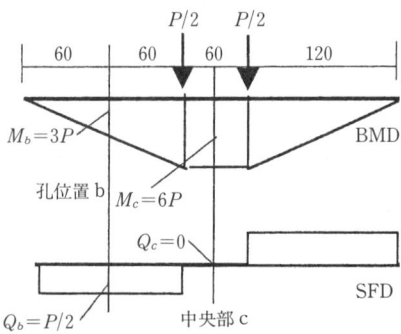

図1.1.6 梁の応力(M, Q)分布図

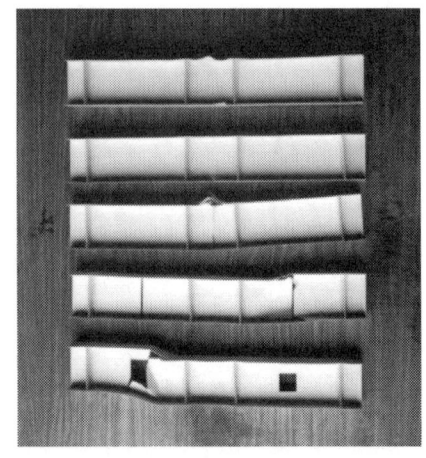

写真1.1.2 各試験体終局状況

といえる.

④ W-HOLEにはウェブに設備用の孔があるにもかかわらず，標準試験体STANDとほぼ同じ荷重で中央部および孔部がほぼ同時に破壊した．通常，梁の作用せん断力は小さく，孔のある部分のせん断耐力より小さい場合が多いので，このようにウェブに設備配管用の孔をあけても差し支えないことが多い．

⑤ 写真1.1.2の下2つの試験体W-SLIT 2とW-HOLEは曲げ変形と異なり，スリットや孔位置でマッチ箱がつぶれるような変形を生じている．これをせん断変形という．

5) H形梁の断面性能

一般に曲げモーメントMを受ける梁内の応力は図1.1.7(a)のようであり，以下の式を用いて設計される．

$$\sigma_f = \frac{M}{Z} \leqq f_b$$

ここに，σ_f：縁応力度(図1.1.7(a))，Z：断面係数，f_b：許容曲げ応力度．

許容曲げ応力度が同じであれば，梁の許容曲げ耐力は断面係数Zに比例する．これまで調べてきたH形梁の強軸に関する断面性能の例として，断面二次モーメントI，断面係数Zを表1.1.2に示す．広幅断面と細幅断面の2種類を取り上げている．同じ断面について，上の行は全断面(全体)の，下の行はウェブを無視したフランジのみ(FL)の断面性能である．フランジのみの断面二次モーメントは，図1.1.7(a)の右図を参考にして外側の長方形断面の断面二次モーメントから内側の長方形断面の断面二次モーメントを差し引いて求めたものである．その方法を同図中に示す．表1.1.2のかっこ内は，H形全断面のZに対するフランジのZの割合を示している．

この表からも，これまでの実験と同様，H形断面の曲げ耐力(断面係数)に占めるフラン

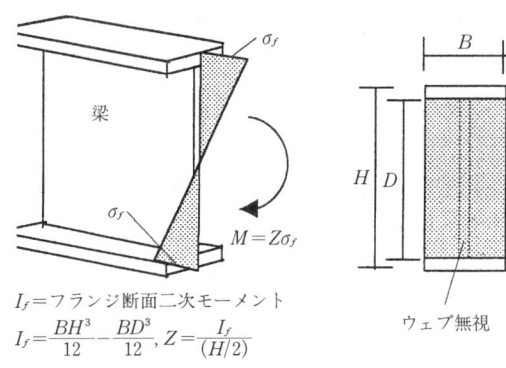

I_f＝フランジ断面二次モーメント
$$I_f = \frac{BH^3}{12} - \frac{BD^3}{12},\ Z = \frac{I_f}{(H/2)}$$

(a) フランジ曲げ応力度と断面性能

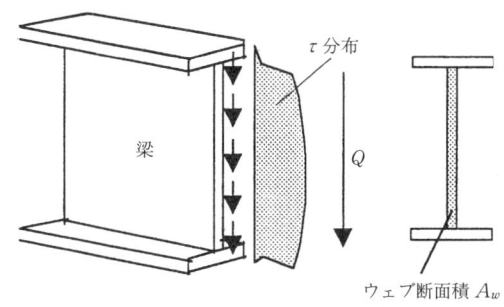

(b) フランジせん断応力度分布

図1.1.7

表1.1.2 H形鋼およびフランジの断面性能

断面寸法 (mm)		I (cm⁴)	Z (cm³)
H-400×400	全体	66 600	3 330
×13×21	FL	60 329	3 184 (96%)
H-582×300	全体	103 000	3 530
×12×17	FL	81 402	2 882 (82%)

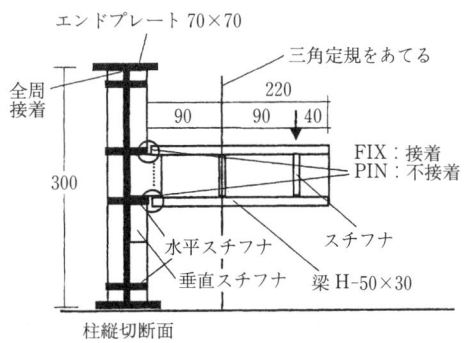

図1.1.8 試験体全体図

ジの耐力分担の割合は 80〜95% と大きいことがわかる．これより，H 形断面の大まかな曲げ耐力としては，フランジのみを考慮した略算でも設計上安全側の近似となることがわかる．

次に，せん断力 Q を受ける梁内のせん断応力度 τ の分布は図 1.1.7 (b) のようであり，梁ウェブが主にせん断力を分担しており，ウェブ内での応力は近似的に一定とみなすこともできる．そのため，せん断力に対する最も簡略化した設計方法としては以下の式によることができる．

$$\tau = \frac{Q}{A_w} \leqq f_s$$

ここに，A_w：ウェブ断面積，f_s：許容せん断応力度．

(3) 接合部の実験
1) 準備するもの
梁実験と同じ．
2) 接合部試験体の製作
図 1.1.8，1.1.9 に接合部試験体の形状寸法および組立方法を示す．試験体は剛接合部 (FIX) とピン接合部 (PIN) 試験体の 2 体とする．梁は，前項で使用したものと同じ断面で，長さ 30 cm を柱の弱軸方向に接合したものである．材料には表紙用の紙（厚さ 0.7 mm 程度）を用いる．以下に試験体の製作方法を示す．

① 試験体のパーツを図 1.1.10〜1.1.12 のように切り出す．
② H 形梁，柱を製作する．
③ 梁，柱にスチフナを取り付ける．
④ 縦スチフナを梁ウェブにボンドで止めた後，柱弱軸側へ挿入し，縦スチフナを水平スチフナ A，B，柱ウェブに接着する（図 1.1.9）．
⑤ 水平スチフナを挟んで縦スチフナの下側に垂直スチフナを取り付ける（図 1.1.9）．
⑥ 剛接合 (FIX) 試験体は，梁上下フランジを柱水平スチフナ A，B にそれぞれボ

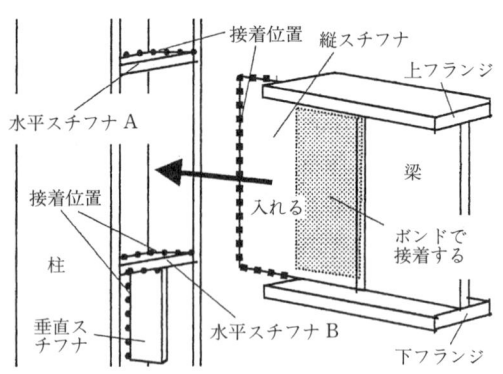

図 1.1.9　柱梁仕口部詳細組立図

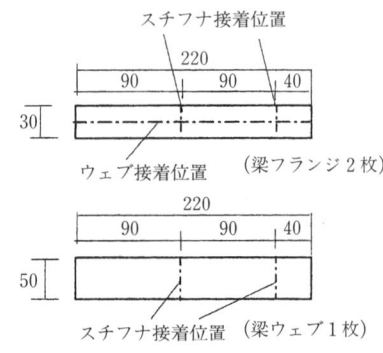

図 1.1.10　梁パーツ図

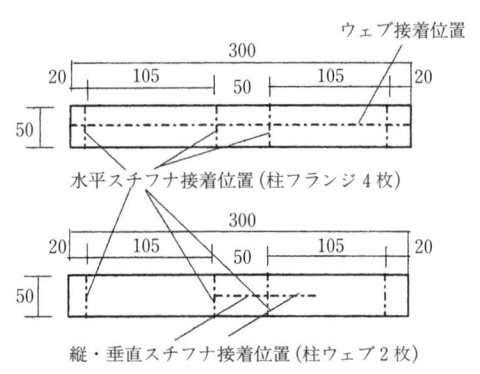

図 1.1.11　柱パーツ図

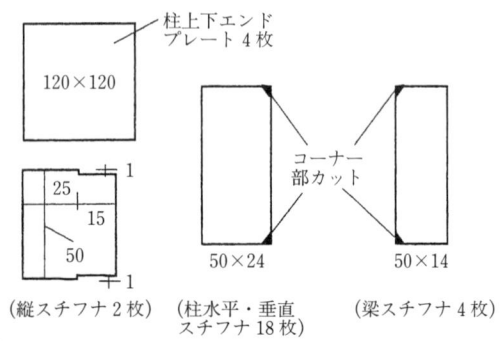

図 1.1.12　スチフナなどのパーツ図

ンドで十分強く接合する．ピン接合(PIN)試験体はそれを接合しない．

3) 接合部の実験方法

実験の手順は梁実験と同様である．以下にその手順を示す．

① 梁荷重点に木片を載せてセロテープで固定し，載荷用の紙袋をその上にセロテープで固定する．

② 柱の上下端を手で固定する．

③ 梁が横倒れしないように，三角定規を梁中間部分の両側にあて横座屈を防止する(図1.1.8，写真1.1.3)．

④ 紙袋におもり(本またはボルト，ナットなど)を入れていく．ただし，荷重は表1.1.3を参考にしながら加えるとよい．

⑤ 試験体が破壊したら荷重の重さを計測する．

⑥ 実験は柱上下点の移動を止める人，梁の横座屈を三角定規で拘束する人，荷重を加える人の合計3人で行うのがよい．

4) 接合部の実験結果と考察

実験結果の一例を表1.1.3に示す．表中の数字は，最大荷重とそのときの梁根元の曲げモーメントを示している．これより以下のことがわかる．

① フランジを接合していないPIN試験体は，接合しているFIX試験体に比べて，20%程度の耐力しかない．これは，梁実験における標準試験体とフランジスリット試験体との関係とほぼ同様である．

② すなわち，フランジを接合した接合部は標準試験体に対応し，部材と同等(剛接合)の曲げ耐力を有すると考えてよい．

③ フランジを接合しない接合部はフランジスリット試験体と対応し，十分な曲げ耐力は期待できない．すなわち，ピン接合と考えて設計することが多い．

④ 図1.1.13，1.1.14にピン接合，剛接合とみなしうる接合部の例を示す．

写真1.1.3 実験状況

表1.1.3 接合部試験体の実験結果

試験体	最大耐力	終局状態
フランジ接合(FIX)	$P_{max}=45.6$ N (4.64 kgf) $M_{max}=8.20$ Nm	下フランジ局部座屈
フランジ不接合(PIN)	$P_{max}=8.8$ N (0.9 kgf) $M_{max}=1.59$ Nm	ガセットプレート破壊

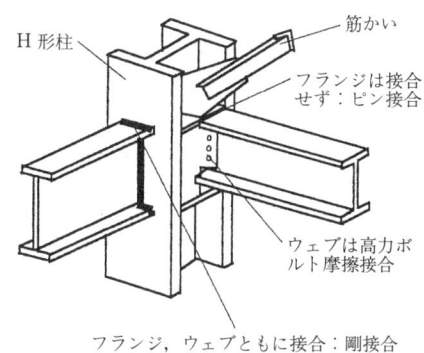

図1.1.13 剛接合部とピン接合部(柱・梁接合部)

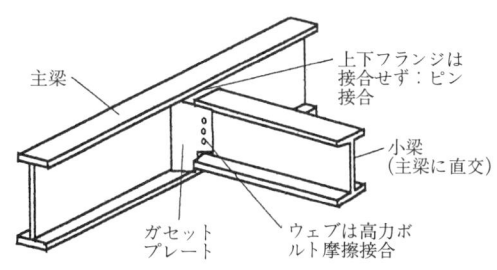

図1.1.14 ピン接合部(梁・梁接合部)

1.2 横座屈と局部座屈

(1) 実験の目的

曲げモーメントとせん断力を受ける鉄骨梁には，H形断面部材が使用されるのが一般的である．H形鋼梁に荷重が作用すると，フランジやウェブに局部座屈を生じて最大耐力が決まる場合と，横座屈を起こして決まる場合とがある．ここでは，横座屈と局部座屈の現象を明らかにするために，以下のような実験を行う．

① 梁両端に等曲げモーメントを受けるH形断面材の横座屈荷重を求める．まず，実験により横座屈現象を目で確認することが重要である．すなわち，曲げモーメントにより圧縮力を受けるフランジが横方向に座屈変形を起こすことを理解する．次に，横座屈耐力計算値と実験による横座屈荷重との比較をする．

② 材中央に集中荷重が作用する単純梁の実験により，フランジ局部座屈荷重およびウェブ局部座屈荷重を求める．まず局部座屈現象を確かめること．次に局部座屈耐力計算値との比較をする．

(2) 横座屈の実験
1) 準備するもの

- スチレンボード（厚さ1mm）
- スチのり
- スプレーのり
- カッターナイフ
- カッティングマット
- セロテープ
- スチール製ブックエンド（2個）
- ばねばかり（1 kgf，2 kgf，5 kgf 各2個）
- 千枚通し

今回使用したブックエンドとばねばかりを写真1.2.1に示す．

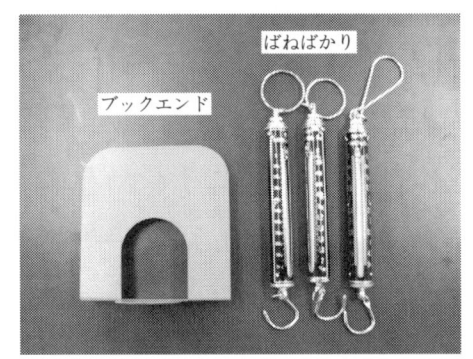

写真1.2.1 実験道具

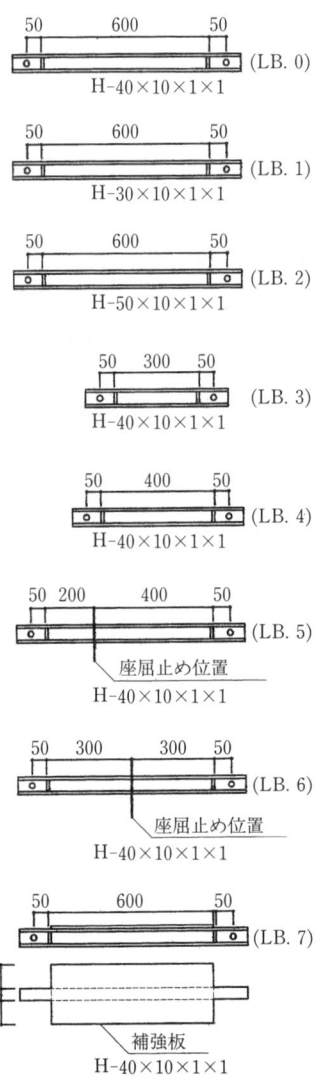

図1.2.1 横座屈試験体

2) 試験体の製作

材料には厚さ 1 mm のスチレンボードを用いる．横座屈する前に局部座屈を起こす可能性が小さいためである．また，H 形断面を容易に製作できることも選んだ理由である．試験体の断面は H-40×10 (LB. 0) を標準として，梁成（せい）を変化させた H-30×10 (LB. 1)，H-50×10 (LB. 2) も比較のために製作する．試験体は図 1.2.1 に示す 8 種類とする．横座屈補剛間距離の標準は 600 mm とする．横座屈補剛間距離を 300 mm としたものを LB. 3，LB. 6 とし，400 mm としたものを LB. 4，LB. 5 として比較のため製作する．さらに，一般の梁にはコンクリートスラブが取り付けてある場合が多いので，コンクリートスラブを想定した補強板としてスチレンボード (50×600) を貼り付けた試験体 (LB. 7) の製作も行う．

試験体製作の手順は以下のように行う．

① 試験体 1 体用のフランジ，ウェブ用板材をスチレンボードから切り取る．その際に，ばねばかりのフックを取り付ける孔をウェブに千枚通しであけておく．

② フランジ，ウェブおよびスチフナをスチのりで接着し，H 形断面を製作する．接着順序は自由であるが，試験体に反り等の初期たわみが起こらないように注意する．

③ 接着剤が乾燥するまで，試験体を本などで挟んで初期たわみを防止する．初期たわみは横座屈荷重に大きな影響を与えるので，試験体が大きく反っている場合には，再度試験体を製作しなければならない．

3) 横座屈の実験方法

実験前に弱軸方向に等曲げを加えて，横座屈が起こらないことを確かめる．その様子を写真 1.2.2 に示す．横座屈実験載荷状態を写真 1.2.3 および図 1.2.2 に示す．スチレンボードにより製作された座屈止めを写真 1.2.4 および図 1.2.3 に示す．実験は次の手順で行う．

① 支点とするスチール製ブックエンドをス

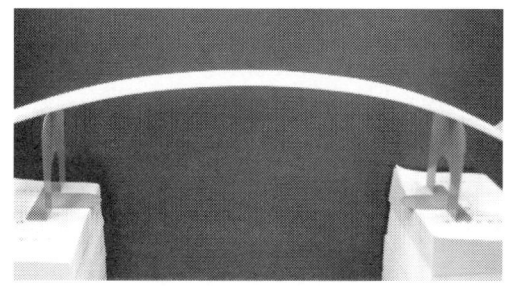

写真 1.2.2 弱軸曲げ状態

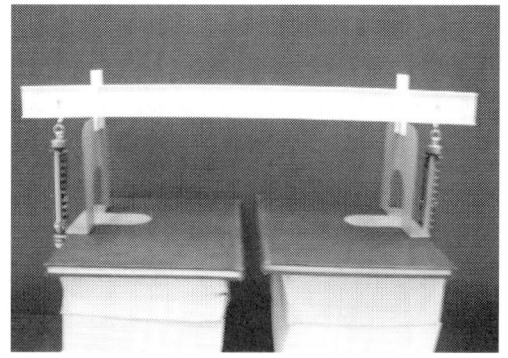

写真 1.2.3 横座屈実験載荷状態

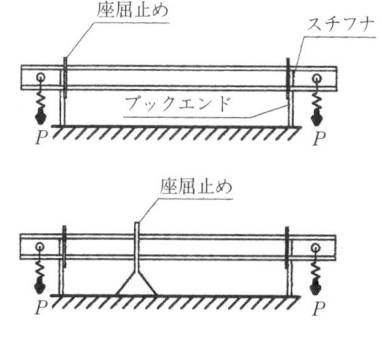

図 1.2.2 横座屈実験載荷状態

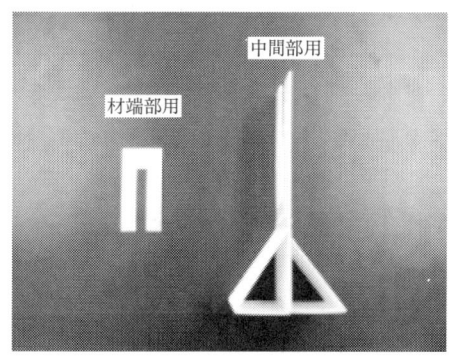

写真 1.2.4 座屈止め

パンと同一間隔になるように机の上におく．ばねばかりで荷重を加えるので，ばねを引っ張る側には大きなクリアランスが必要である．そのために，机の端かあるいは重ねた本の上にブックエンドを設置する．

② ブックエンドの上に試験体をセットする．材端部用座屈止めをセロテープでブックエンドに固定する．梁の中間部分に座屈止めを取り付ける場合(LB. 5, LB. 6)には，中間部用座屈止めを机あるいは重ねた本の上にセロテープで固定する．

③ 孔にばねばかりのフックをかけて，両端のばねばかりの目盛が同じ値で増加するように下方向に引っ張る．試験体の真上から横座屈現象を観察する．下フランジが横方向に出始めた点での荷重を横座屈荷重とする．ここで注意すべき点は，両側のばねばかりのフックを試験体のウェブを挟んで同じ側に取り付けることである．逆に取り付けると横座屈を抑えるために，横座屈荷重が上昇する場合がある．

④ 横座屈においては，圧縮側フランジは降伏するが，引張側フランジは弾性に止まると考えられる．そのため，試験体を上下逆転させれば，もう一度載荷実験を行うことができる．補強板を取り付けた試験体においては，補強板を取り付けた側が圧縮側となる場合(LB. 7)について，2回載荷実験を行う．

以上の実験により，各試験体の横座屈荷重を2回計測して，その平均値を横座屈荷重とする．実験を実施するにあたって，ばねばかりで荷重を加える人が2名と横座屈開始を観察する人が1名の，合計3名が必要である．さらに，試験体の中間部分に横座屈補剛点を設ける場合(LB. 5, LB. 6)には，もう1名を追加すべきである．

4) 横座屈の実験結果と考察

まず，写真1.2.5に示すような横座屈現象が

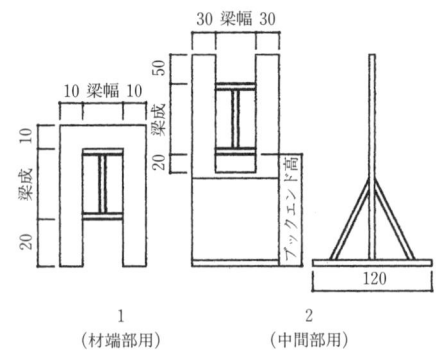

図 1.2.3 座屈止め

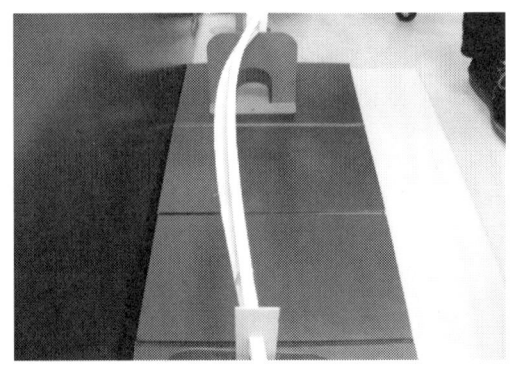

写真 1.2.5 横座屈現象

表 1.2.1 横座屈実験結果

試験体	横座屈荷重 P_{cr}(N)	P_{cr}/P_{cr0}	梁成の比 $H/600$
LB. 0 (H-40×10,600)	P_{cr0}=8.8	1.0	1.0
LB. 1 (H-30×10,600)	6.9	0.78	0.75
LB. 2 (H-50×10,600)	11.8	1.33	1.25
LB. 3 (H-40×10,300)	25.5	2.89	1.0
LB. 4 (H-40×10,400)	13.7	1.56	1.0
LB. 5 (H-40×10,400+200)	16.7	1.88	1.0
LB. 6 (H-40×10,300+300)	20.6	2.33	1.0
LB. 7 (H-40×10,600)	29.4 以上	3.34	1.0

起こることを確かめた後に実験を始めた．実験結果を表1.2.1に示す．実験においては，荷重を1N（または100gf）ごとに増加させることとする．標準試験体(LB. 0：H-40×10, 600 mm)の横座屈荷重との割合も併せて載せている．表1.2.1より以下のことがわかる．

① 梁成を変化させた3つの試験体(LB. 0, LB. 1, LB. 2)の横座屈荷重は，おおむね梁成に比例して増大している((注1)参照)．すなわち，今回のようなスレンダーな断面を有する試験体の横座屈荷重は，圧縮側フランジの構面外方向への曲げ座屈が卓越すると考えられる．

(注1) 横座屈荷重と梁成との関係

スレンダーな梁の場合には，横座屈応力度 σ_{cr} は次式となる．

$$\sigma_{cr} = \frac{\pi^2 E}{\lambda_b^2} \quad (1)$$

ここに，λ_b：図1.2.4に示すように圧縮フランジと梁成1/6のウェブからなるT形断面の横方向に関する細長比，E：ヤング率．

今回の実験において，ウェブを無視すれば，LB. 0, LB. 1, LB. 2は横座屈補剛間距離が等しいため，λ_b は同一の値となり，σ_{cr} は等しい．横座屈モーメント M_{cr} は大略次式となる．

$$M_{cr} \fallingdotseq \sigma_{cr} A_f H = 50 P_{cr} \quad (2)$$

ここに，A_f：フランジ断面積，H：梁成，50：載荷点と支点との距離．

したがって，横座屈荷重 P_{cr} は梁成 H にほぼ比例する．

② 横座屈補剛間距離を変化させた3つの試験体(LB. 0, LB. 3, LB. 4)の横座屈荷重は，おおむね補剛間距離の増大に伴い，減少することがわかる．

③ 中間部分に座屈補剛を設けた試験体(LB. 5, LB. 6)の横座屈荷重は，同じ座屈補剛間距離(LB. 3, LB. 4)の試験体の横

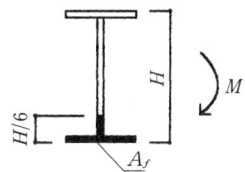

図1.2.4 圧縮側の仮想T形断面

座屈荷重に一致しているわけではないが，よい対応を示している．座屈補剛を設けることにより，横座屈耐力を上昇させることができることが証明された．

④ 補剛板を取り付けたフランジが圧縮となる載荷の場合(LB. 7)においては，標準試験体LB. 0に比べて3倍以上の荷重でも横座屈が生じなかったが，試験体が曲げにより破壊しそうであったので実験を終了した．すなわち，コンクリートスラブが圧縮フランジに緊結された場合には，横座屈を起こさないことが証明された．

5) まとめ

以上の実験結果から以下の結論が得られた．

① 弱軸曲げの場合には，横座屈は起こらない．設計においては，横座屈の検討は不要である．

② 横座屈補剛間距離およびフランジ断面積が同一であり，梁成のみが変化するH形梁においては，横座屈荷重は梁成に比例する．

③ 断面が等しいH形梁においては，横座屈荷重は横座屈補剛間距離の増大に伴い，減少する．

④ コンクリートスラブが圧縮側フランジに緊結された場合には，横座屈の検討は不要である．

(3) 局部座屈の実験

1) 準備するもの

横座屈実験と同じ．ただし，材料には厚さ1mmのスチレンボード，厚さ0.3mmのケント紙およびコピー用上質紙を用いる．

2) 試験体の製作

フランジ局部座屈用試験体(図1.2.5)の断面はH-40×20を標準として，フランジおよびウェブにはケント紙を用いる．フランジ厚を2倍にしたもの，およびフランジ幅を2倍にしたものも，比較のために製作する．試験体は図1.2.5に示すように3種類である．試験体の材長は700 mmとする．

ウェブ局部座屈用試験体(図1.2.6)の断面はH-80×20を標準とする．フランジにはスチレンボードを，ウェブにはケント紙を用いる．さらに，局部座屈を起こさせる部分にはケント紙を切り取り，その代わりにコピー用上質紙を貼り付ける．図1.2.6に示すように，材長160 mmのもの，比較のために320 mmの試験体，およびそれにスチフナを取り付けたものの，合計3種類とする．

フランジおよびウェブ局部座屈用試験体の製作手順は以下のようである．

① 試験体用の板材を各用紙から切り取る．ウェブ局部座屈用試験体については，図1.2.7に示すようにウェブの各辺内側に5 mmほど小さい方形孔をあけて上質紙を貼り付ける．フランジ局部座屈用試験体FB.1の0.6 mm厚のフランジはスプレーのりを使用して2枚のフランジ板を貼り付ける．その際に隙間をできるだけ作らないように注意する．

② フランジ，ウェブおよびスチフナをスチのりにより接着する．その際に，局部座屈が起こる板材にしわ等が生じないように注意する．スチフナにはスチレンボードを使用する．図1.2.8に示すように，材中央の載荷用スチフナは，H形断面を切り抜き，載荷孔をあけた後に，スチフナをつける前にH形梁を通しておく．また，ウェブ局部座屈止めスチフナは，十分にスチのりを使って上質紙と一体にしなければならない．

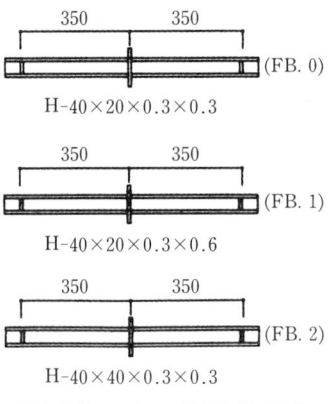

図1.2.5 フランジ局部座屈試験体

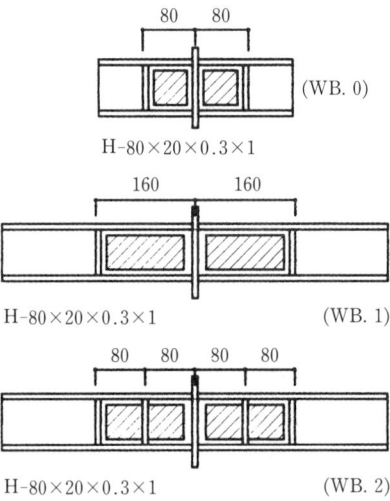

図1.2.6 ウェブ局部座屈試験体

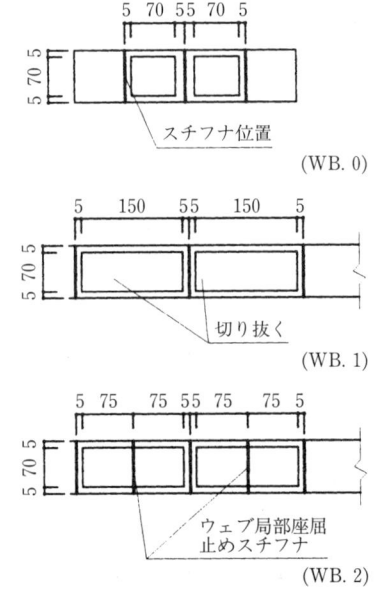

図1.2.7 ウェブ詳細図

3) 局部座屈の実験方法

載荷状態を写真1.2.6および図1.2.9に示す．荷重が小さいために横座屈は起こりにくいが，安全のため図1.2.3の材端部用座屈止めを取り付ける．実験の手順は以下のとおりである．

① 今回は3点曲げ実験なので，2個の机か本を重ねることにより，隙間を作り，ばねばかりで荷重が加えられるようにする．

② ブックエンドを支点とし試験体をその上におき，座屈止めをセロテープで固定する．

③ スチフナの載荷孔にばねばかりのフックをかけて下方に引っ張る．載荷点に座屈止めを取り付けることは困難なので，真下に載荷するよう心がける．

④ フランジ局部座屈実験においては，上フランジに局部座屈が起こるので，横方向から座屈波形を観察して局部座屈開始荷重を求める．フランジの左右どちらに最初に局部座屈が起こるかわからないので，両側から観察しなければならない．ウェブ局部座屈実験においては，座屈波形は対角線に平行に何本か生じる．観察者は1人でもかまわない．それぞれの実験は試験体を上下逆転させることにより2回実施できる．

以上の実験により，各試験体の局部座屈荷重を求める．実験には，ばねばかりにより載荷する者1名と座屈観察者2名の，計3名が必要である．

4) 局部座屈の実験結果および考察

まず，写真1.2.7および写真1.2.8に示すような，フランジおよびウェブ局部座屈現象を観察した後に実験を始める．フランジおよびウェブの局部座屈実験結果をそれぞれ表1.2.2および表1.2.3に示す．標準試験体の局部座屈荷重で除した値も併せて示す．

(i) フランジ局部座屈の実験結果

荷重が増加していくと，曲げモーメントが大きい梁中央部の上フランジに局部座屈が起こる．さらに，荷重を増やすと座屈波形は梁端の

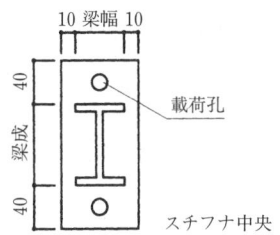

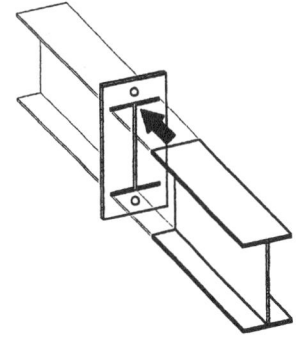

図1.2.8 載荷用スチフナ取付け図

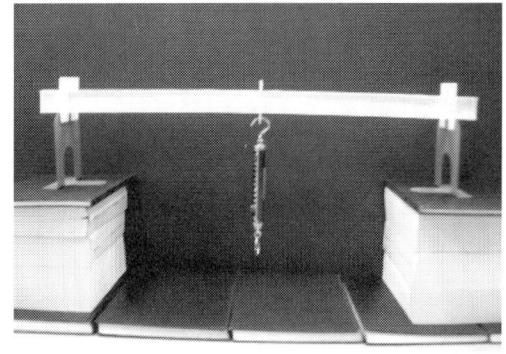

写真1.2.6 局部座屈実験載荷状態

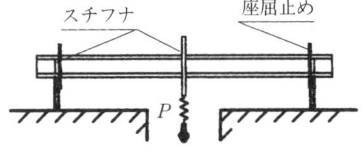

図1.2.9 局部座屈実験載荷状態

方向に広がっていく．表1.2.2および(注2)より次のことがわかる．

① 幅厚比が小さくなると，局部座屈応力度は大きくなる．

② FB.0とFB.2を比較してみれば，局部座屈応力度は，フランジ幅厚比の2乗にほぼ反比例する関係が存在する．

第1章 部材と座屈

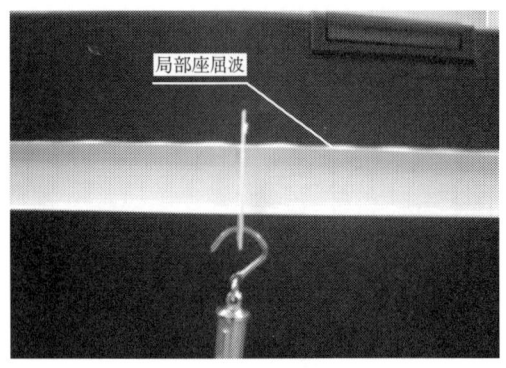

写真 1.2.7 フランジ局部座屈現象

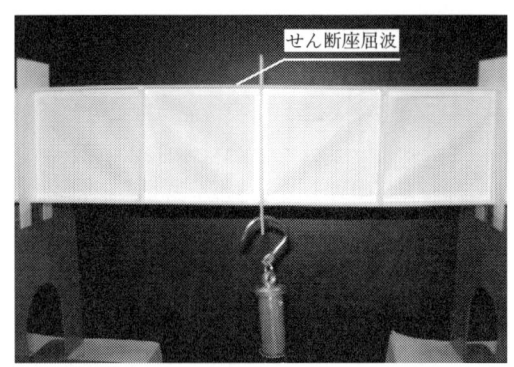

写真 1.2.8 ウェブ局部座屈現象

表 1.2.2 フランジ局部座屈実験結果

試験体	幅厚比 $b_t=b/t$	断面係数 Z (mm³)	局部座屈荷重 P_{cr} (N)	最大曲げモーメント $M=PL/4$ (N·mm)	局部座屈応力度 $\sigma_{cr}=M/Z$ (N/mm²)	σ_{cr}/σ_{cr0}	$(b_{t0}/b_t)^2$
FB.0 (H-40×20 ×0.3×0.3)	$b_{t0}=33$	310	4.9	860	$\sigma_{cr0}=2.77$	1.0	1.0
FB.1 (H-40×20 ×0.3×0.6)	17	540	12.7	2 220	4.11	1.48	4.0
FB.2 (H-40×40 ×0.3×0.3)	67	550	2.9	510	0.93	0.34	0.25

表 1.2.3 ウェブ局部座屈実験結果

試験体	局部座屈荷重 P_{cr}(N)	P_{cr}/P_{cr0}
WB.0 (80)	$P_{cr0}=15.6$	1.0
WB.1 (160)	7.8	0.5
WB.2 (80+80)	14.7	0.94

(ⅱ) ウェブ局部座屈の実験結果

荷重が増加していくと，ウェブにせん断座屈波形が明瞭に現れる．WB.2 は WB.1 にスチフナを取り付けたものである．座屈波形はフランジとスチフナで囲まれた方形の対角線に平行に現れる．WB.1 は WB.0 に比べて局部座屈荷重 P_{cr} は低いが，WB.0 と WB.2 の座屈荷重 P_{cr} はほぼ等しい．これは，WB.1 をスチフナで補剛したことにより，せん断座屈波形が同一になったためである．

(注2) フランジ局部座屈荷重とフランジ幅厚比との関係

フランジ板要素の局部座屈応力度 σ_{cr} は次式となる．

$$\sigma_{cr}=k\frac{\pi^2 E}{12(1-\nu)^2}(t/b)^2 \qquad (3)$$

ここに，k：荷重条件，境界条件等で決まる定数，t：フランジ板厚，b：フランジ幅の半分 ($=B/2$)．E：ヤング係数，ν：ポアソン比．すなわち，σ_{cr} は幅厚比 (b/t) の平方に反比例する．

5) まとめ

以上の実験結果から以下の結論が得られた．
① フランジ幅厚比が小さくなると，フランジ局部座屈応力度は大きくなる．
② せん断座屈波形が同一になると，ウェブ局部座屈荷重は等しくなる．

1.3 圧縮部材の座屈

（1） 実験の目的

座屈は鋼構造にとって最も重要なテーマであり，設計者にとっても避けて通ることのできない分野である．座屈理論はやや難解であるが，現象そのものは比較的単純である．本節では，まず柱や骨組の座屈現象を観察する．そして，座屈問題を扱う上で重要なパラメータのひとつである座屈長さを取り上げ，有効座屈長さのとり方や座屈荷重との関係などを理解する．

写真 1.3.1 部材と支点

（2） 簡単にできる座屈の実験
1） 実験の概要

紙で製作した模型を使って，基本的な座屈の挙動を理解するための実験である．座屈荷重は上皿ばかり（秤量 8 kgf）で測定し，支持条件と座屈荷重との関係を体験できる実験とした．

2） 準備するもの
・イラストボード（ミューズ紙，厚さ 2 mm）
・カッターナイフ
・上皿ばかり
・木材
・カッティングマット
・セロテープ
・のこぎり

3） 模型の製作

写真 1.3.1 のような模型を製作し実験を行うが，製作する際は次のことに注意する．

（ⅰ） 紙の材料がもつ方向性

紙を材料として模型を製作する場合，使用する紙の向きにより性質が異なる可能性がある．そのために，部材の製作に用いる帯状に切断する紙の方向は，図 1.3.1 のようにすべて長辺方向にそろえる．

（ⅱ） 部材の製作方法

写真 1.3.1 のように圧縮部材には，イラストボードを幅 20 mm に切断したものを長さ 25

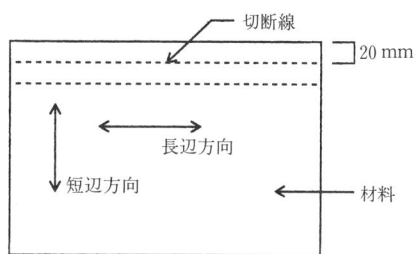

図 1.3.1 材料を切断する方向

写真 1.3.2 支点ブロック

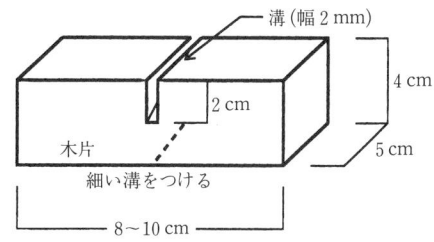

図 1.3.2 支点の作り方

cm の部材として使用する．固定支点は，写真 1.3.2 のように木材ブロックに部材と同じ厚さの溝を入れて，その溝に差し込むようにする．

(iii) 支点の作り方

固定支点を図 1.3.2 に示す．溝はのこぎり等で入れる．溝にピタリと部材を差し込むのは難しいので，差し込む部分にセロテープを巻き厚さを調節する．ブロックの裏側には図 1.3.2 の破線のように細い溝を入れてピン支点とする．

4) 実験の方法

図 1.3.3 に示す A から C の支持条件の部材に，圧縮力を作用させたらどうなるか調べてみる．この実験では，手で部材を押して圧縮力を加えて座屈荷重を求める．

なお，部材を手で押すときには，手で押さえている位置が横移動しないように注意する．

5) 実験結果

(i) 支持条件の違いによる座屈実験

[実験 1]　A (両端ピンの場合)

部材を手で押していくと，初めはまっすぐであるが，あるところから写真 1.3.3 のような変形となる．そして，はかりの目盛は徐々に上昇していくのであるが，変形が目に見えるようになると目盛は増えなくなる．そのときの部材の弓なりにたわんだ形は，正弦波 (sin 波) の半波長になっていることがわかる．この現象が座屈であり，支持条件と座屈荷重の関係には一定の法則がある．この部材の座屈荷重は 6.37 N (0.65 kgf) であった．

なお，座屈を生じた状態では，手で部材を押してもはかりの目盛は増えず (すなわち荷重は一定のまま)，部材のたわみ変形 (たとえば部材の中央部の横変位) のみが増加するという，極めて重要な現象が存在することを，観察することができる．

[実験 2]　B (一端ピン他端固定の場合)

次に一端ピン他端固定の場合について実験を行うと，写真 1.3.4 のような変形となることがわかる．

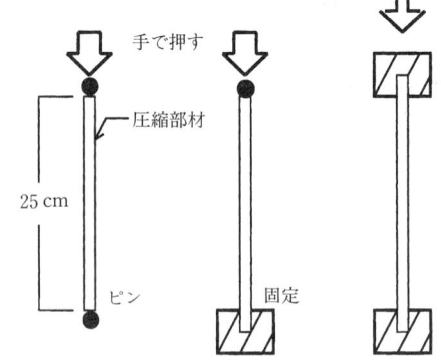

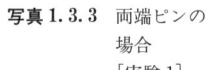

図 1.3.3　実験の一覧

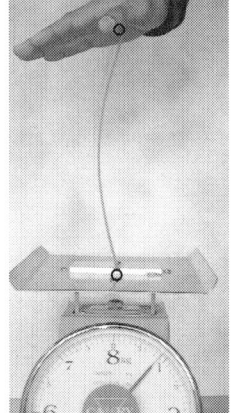

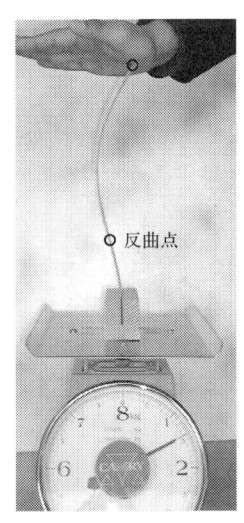

写真 1.3.3　両端ピンの場合 [実験 1]

写真 1.3.4　一端ピン他端固定の場合 [実験 2]

この実験でも，はかりの目盛は徐々に上昇していくが，変形が目に見えるようになると目盛は増えなくなる．この部材の座屈荷重は 11.8 N (1.2 kgf) であった．部材の断面は実験 1 と同じなので，座屈に対しては両端ピンの A より強いことがわかる．

また，座屈形状の特長は，○印で示した曲率の逆転する反曲点が，固定端から約 1/4 の位置に生じている．そこから上端のピン支点までの間では，正弦波の半波長の曲線となっていることに注目する．

[実験3] C(両端固定の場合)

両端固定の場合は，部材を座屈させるために実験1よりも大きな力が必要となる．これは，実際に押してみるとよくわかる．写真1.3.5からもわかるように，両端の固定支点から約1/4の位置に反曲点が生じている．反曲点間は正弦波の半波長の曲線となっており，その長さは部材長さの約1/2である．

座屈荷重は 21.6 N (2.2 kgf) で，3種類の座屈実験では，この柱の座屈耐力が最も大きいことがわかる．

(ⅱ) 中間部を補剛した座屈の実験

次に，部材中央部の移動を止めて圧縮するとどうなるであろうか．前と同じ実験をするのであるが，写真1.3.6のように中央部を片方の手で止めて押してみる．

[実験4] 中央部の移動を止めた場合

この実験では，22.5 N (2.3 kgf) の圧縮力で座屈した．この結果は，実験3の座屈荷重とほぼ同じである．

写真1.3.6から，座屈形状は部材の中央部から上および下に，正弦波のたわみ曲線が生じていることが観察される．この写真から，正弦波の半波長は部材長さの1/2となっていることがわかる．

この実験から，部材の中央部を止めることにより，座屈荷重が増すことが確認できる．

6) 考　察

様々な支持条件や座屈補剛の実験から，次のことを導くことができる．

(ⅰ) 有効座屈長さ

実験1から実験4までについて，支持条件と座屈荷重の関係を考察してみる．

座屈荷重の大きさは部材が変形する形状と関係が深く，たわんで正弦波の半波長を構成する長さを有効座屈長さとするとき，実験1の場合は柱の長さ L が座屈長さと一致する．

他の支持条件では，座屈するときの反曲点やピン支持点の位置に注目して，正弦波の半波長

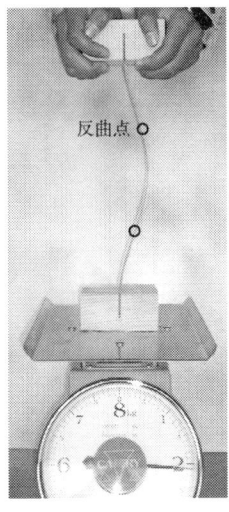 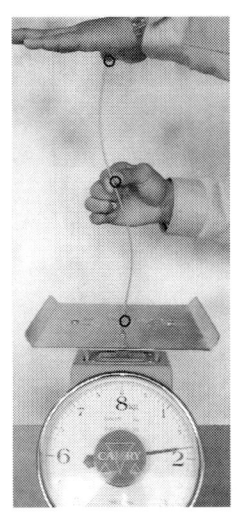

写真1.3.5 両端固定の場合 [実験3]　　**写真1.3.6** 中央部の移動を止めた場合 [実験4]

表1.3.1 実験結果のまとめ

	実験1	実験2	実験3	実験4
座屈長さ	25 cm	17.5 cm	12.5 cm	12.5 cm
有効座屈長さ	1.0L	0.7L	0.5L	0.5L
座屈荷重 P_{cr}	6.37 N (0.65 kgf)	11.8 N (1.2 kgf)	21.6 N (2.2 kgf)	22.5 N (2.3 kgf)
比率	1.0	1.85	3.38	3.54

(注)　有効座屈長さは柱長さ L を単位として表した．

を有効座屈長さとして取り扱うことができる．

表1.3.1のように実験2から実験4では，両端ピンの場合より有効座屈長さは短くなっている．

(ⅱ) 有効座屈長さと座屈荷重の関係

座屈荷重の理論値は，オイラーの公式を用いて求めることができる．柱の座屈荷重は，後述の式(1)より有効座屈長さの2乗に反比例することがわかる．

表1.3.1の比率は，実験1の座屈荷重 P_{cr} を基準としたとき，他の座屈荷重との割合を表したものである．有効座屈長さが短いほど，座屈荷重が大きくなっていることがわかる．

（3） 座屈荷重の理論値を求めるための実験

1） 実験の概要

オイラーの公式によって，圧縮を受ける柱材の座屈荷重は式(1)で表される．

$$P_{cr} = \frac{\pi^2 EI}{L_k^2} \qquad (1)$$

ここに，P_{cr}：座屈荷重の理論値
EI：座屈方向の曲げ剛性
L_k：有効座屈長さ．

式(1)から，座屈荷重は曲げ剛性 EI に比例し，有効座屈長さの2乗に反比例することがわかる．ここでは，座屈荷重の理論値を実験的な手法を使って求めてみる．

まず，柱部材の曲げ剛性 EI を，中央部に一点集中荷重を受ける単純梁の簡単な実験によって求める．部材の長さは25 cm とし，部材断面の大きさを変えて実験を行う．

2） 準備するもの

・イラストボード（ミューズ紙，厚さ2 mm）
・カッティングマット
・カッターナイフ
・木材の支点（丸棒で代用可能）
・ものさし
・おもり（100 gf）：2個

3） 模型の製作

図1.3.4のように材料を切断する．ただし，部材Aは実験1と同じものである．写真1.3.7に示すように，たわみの測定実験は28 cmの長さの部材を準備し，座屈実験では25 cmの部材を使用する．

なお，実験用の部材の切り出しにおいては，図1.3.1に示すように，すべての部材は長辺方向にそろえることに注意する．

4） 曲げ剛性を求める方法

（ⅰ） 曲げたわみの測定実験

写真1.3.8のように，スパン25 cmの単純梁の最大たわみを測定する．

このたわみから式(2)の関係を使って，直接曲げ剛性を求める．

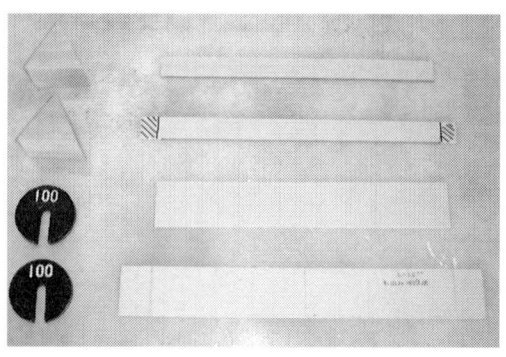

写真1.3.7 実験に使うもの

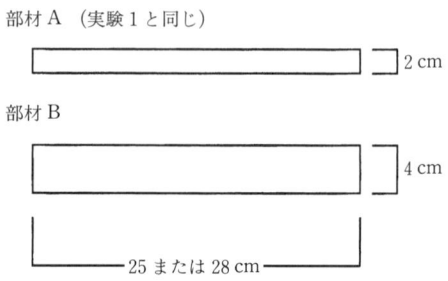

図1.3.4 実験用の部材

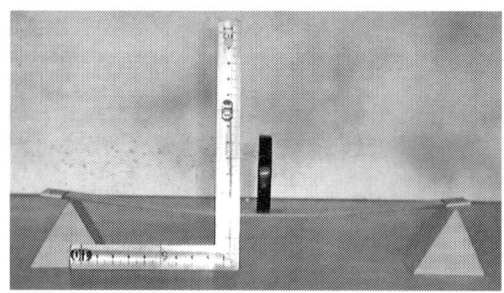

写真1.3.8 曲げたわみの測定実験

中央たわみ δ と集中荷重 P との関係は

$$\delta = \frac{PL^3}{48EI} \qquad (2)$$

で表される．式(2)より部材の曲げ剛性 EI は

$$EI = \frac{L^3}{48} \frac{P}{\delta} \qquad (3)$$

で求められる．

（ⅱ）曲げ剛性の計算

0.98 N (100 gf) と 1.96 N (200 gf) の荷重について実験を行ったところ，表1.3.2のようになった．

表1.3.2の結果をグラフにしたものが図1.3.5である．荷重とたわみとが比例関係にあることがわかる．

この実験結果をもとに式(3)を使って曲げ剛性 EI を求めると，表1.3.3のようになる．

5）座屈実験

実験1と同じ方法で，部材Bについて座屈実験を行う．

6）理論値の計算と考察

（ⅰ）部材の幅を変えた場合

式(3)で求められた部材の曲げ剛性 EI の値を，式(1)の EI に代入して，求めた荷重を座屈荷重の理論値とし，この値を実験値として比較した結果を表1.3.4に示す．

座屈の実験値と計算によって求めた理論値を比較すると，部材A，Bともによく一致している．

部材の幅が2倍になると，曲げ剛性や座屈耐力もほぼ2倍となっている．部材断面形状が変化しても，この実験の方法を適用すれば簡単に理論値を求めることができる．

（ⅱ）実験2から実験4の実験値との比較

表1.3.1の有効座屈長さをもとに，部材Aの EI を用いて実験2から実験4の理論値を計算してみると，表1.3.5のような結果となる．

支持条件の違う柱について理論値を求めると，実験値と比較的よく一致した結果となることがわかる．

最後に，本節では部材の曲げ剛性 EI を実験で求めたが，鋼構造部材の場合はヤング係数 E が一定であるので，断面二次モーメント I を計算することにより求めることができる．

1.3 圧縮部材の座屈

表1.3.2 たわみの測定結果

荷　重	部材A●	部材B■
0.98 N (100 gf)	7.5 mm	4.0 mm
1.96 N (200 gf)	14.5 mm	7.0 mm

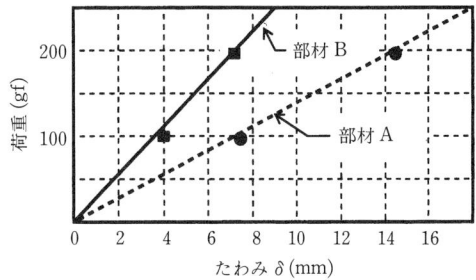

図1.3.5 荷重とたわみの関係

表1.3.3 曲げ剛性の一覧表

	P	L	δ	曲げ剛性 EI
部材A	0.98 N (100 gf)	25 cm	0.75 cm	42 500 N·mm² (43 kgf·cm²)
部材B			0.35 cm	91 100 N·mm² (93 kgf·cm²)

表1.3.4 部材A・Bの実験値と理論値

部　材	EI (N·mm²)	実験値 P	理論値 P_{cr}	比較 P/P_{cr}
部材A	42 500	6.4 N (0.65 kgf)	6.8 N (0.7 kgf)	0.94
部材B	91 100	13.2 N (1.4 kgf)	14.4 N (1.5 kgf)	0.92

表1.3.5 実験結果

	実験値 P	理論値 P_{cr}	比較 P/P_{cr}
実験2	11.8 N (1.2 kgf)	13.7 N (1.4 kgf)	0.86
実験3	21.6 N (2.2 kgf)	26.5 N (2.7 kgf)	0.81
実験4	22.5 N (2.3 kgf)		0.85

第1章 部材と座屈

(4) ラーメンに組み込まれた柱材の座屈実験

1) 実験の概要

実際の建物では，柱と梁で構成される骨組架構になっていることが多い．このような，骨組架構に組み込まれた柱の座屈荷重は，梁部材との接合状況，梁部材の剛性などによって変わってくる．本節では，このようなラーメン架構に組み込まれた柱の座屈について調べる．

ここでは，イラストボードで作った柱と，木材で作った梁でラーメン骨組を作り，骨組の座屈について考える実験を行う．

2) 準備するもの

- イラストボード 厚さ2mm (柱用)
- イラストボード 厚さ1mm (ブレース用)
- カッターナイフ
- カッティングマット
- 木材
- 木ねじ：6本
- セロテープ
- のこぎり

3) 模型の製作

(ⅰ) 梁部材

写真1.3.9のように，木材で梁A，Bを作る．図1.3.6の梁Aは，木材に柱を差し込む溝と，載せるだけの溝を入れたものである．

図1.3.7の梁Bは，中間梁として柱をつなぐ目的で利用する．

木材で工作するのが難しい場合には，厚手のスチロール板を貼り合わせ，カッターナイフやのこぎりで溝をつけて梁部材としてもよい．

(ⅱ) 柱

図1.3.8に示す部材a～cをイラストボードで製作する．部材aは1層ラーメン用で，部材b，cは2層ラーメン用である．全部材とも2本必要である．溝に差し込む部分の厚さは，セロテープなどを巻くことにより調整する．

(ⅲ) ブレース

写真1.3.10は，2層ラーメンのブレースの取付け方を示したものである．厚さ1mmの

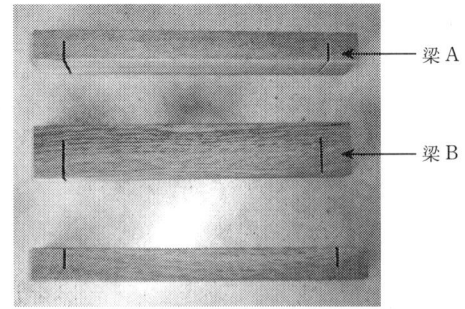

写真1.3.9 梁部材

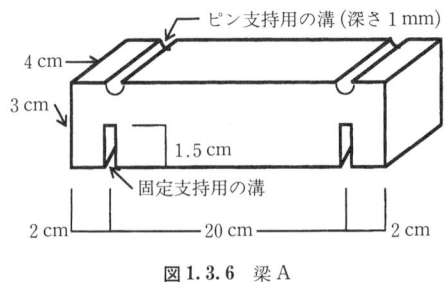

図1.3.6 梁A

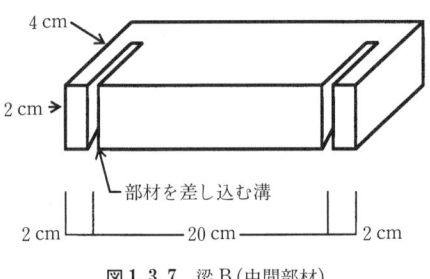

図1.3.7 梁B(中間部材)

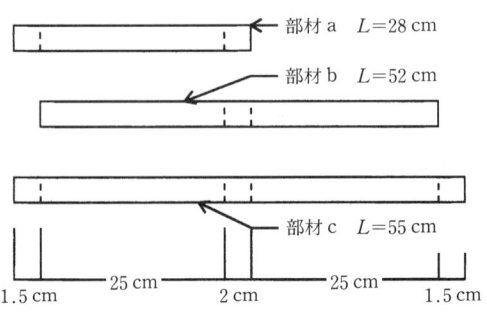

図1.3.8 柱部材

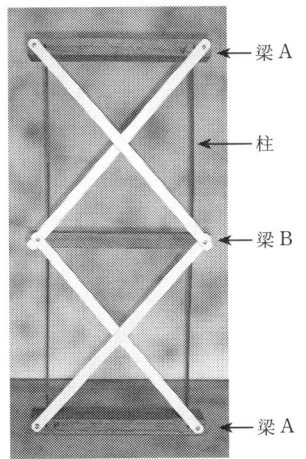

写真 1.3.10 2層ブレース付き骨組

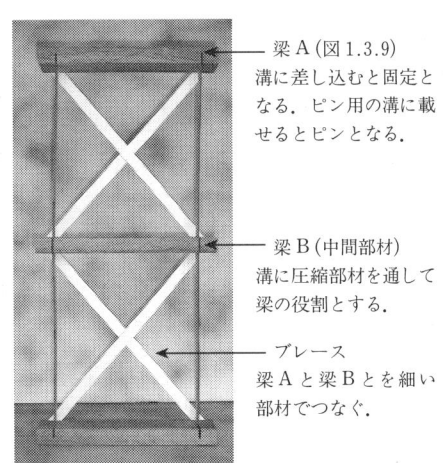

写真 1.3.11 2層ブレース付き骨組

イラストボードを幅1cmの帯状に切断し，骨組の裏側からたすき掛けにして，梁に木ねじ6本で止めている．

（iv）組立て

写真1.3.11（写真1.3.10を裏側から見たもの）は，図1.3.6～1.3.8の部品を使って，2層ラーメンを組み立てたものである．このようにして，様々な骨組を作ることができる．

図1.3.9は支点の組み方を示したものである．

4) 実験結果

（i）ブレースの効果

ラーメンに鉛直方向荷重が作用している場合，骨組の座屈はどのように生ずるであろうか．ここでは，写真1.3.12のような1層のブレース付きラーメンを製作し，押してみることにより確かめる．

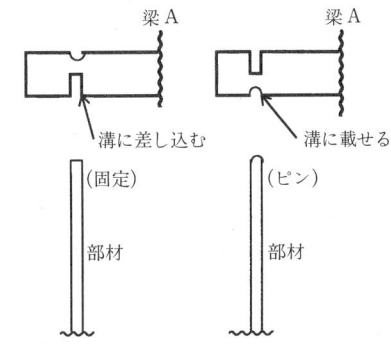

図 1.3.9 固定支点とピン支点

まず，ブレースのついた骨組は写真1.3.13のようになる．梁の部分は，柱に座屈が生じても水平移動しないことがわかる．なお，押さえる手が梁の水平移動を拘束することになるので，加力点にはコロの役割をするように丸い棒を挟んで加力している．

次に，ブレースを取りはずして押してみると

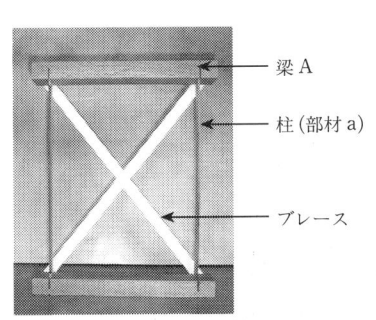

写真 1.3.12 1層ブレース付き骨組

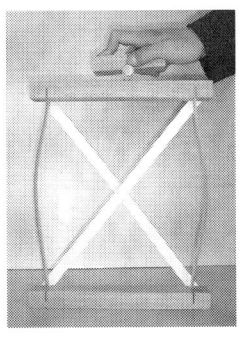

写真 1.3.1 1層ブレース付き骨組の実験

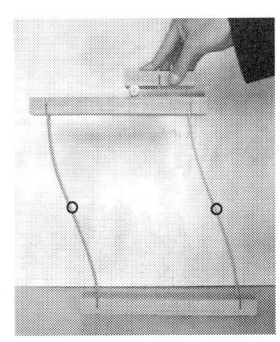

写真 1.3.14 1層骨組の実験

どうなるか．写真1.3.14はそのときの変形の様子である．写真1.3.13と比較すると，梁の部分をまっすぐ押しているにもかかわらず柱が座屈するときには，梁の部分が大きく水平移動していることがわかる．

(ⅱ) ブレースのついた2層ラーメン

図1.3.10のような2層ラーメンの骨組を作り，実験する．

骨組1と骨組2をはかりの上で押すとどうなるか．変形と座屈荷重を求める．写真の中の○印は，反曲点もしくはピン支点である．

[実験5]（骨組1：柱脚ピンの場合）

骨組1を押して柱を座屈させると写真1.3.15のようになる．各々の柱の座屈形は，実験2と同じ変形である．すなわち，この場合は，中間部材Bはほとんど水平に横移動を生じないことがわかる．この場合の有効座屈長さは，ピン支点と反曲点間の距離として考えることができる．この骨組の座屈荷重は20.6 N (2.1 kgf) である．

[実験6]（骨組2：柱脚固定の場合）

骨組2の場合は写真1.3.16のようになる．すべての柱が座屈しているのがわかる．また，柱の座屈形は実験3と同じであり，有効座屈長さは$0.5L$である．

この骨組の座屈荷重は38.2 N (3.9 kgf) である．これは，骨組2のほうが骨組1より強いことを表している．

(ⅲ) ブレースなしの2層ラーメン

次に，図1.3.11に示したブレースなしの2層ラーメン骨組3，骨組4を作り実験する．

なお，この実験では，手で押さえる上段の梁部材の横移動が生じないように，注意しながら実験する．

[実験7]（骨組3：柱脚ピンの場合）

骨組3を押してみると，小さな力で写真1.3.17のように中間部材は横移動を生じ，柱は

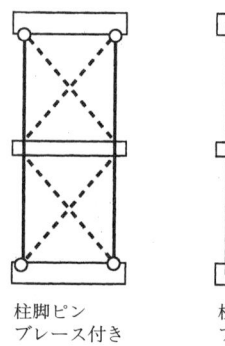
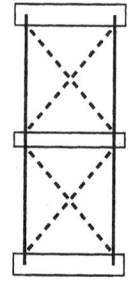

柱脚ピン　　　　　柱脚固定
ブレース付き　　　ブレース付き

(a) 骨組1　　　　(b) 骨組2

図1.3.10 ブレース付きの骨組

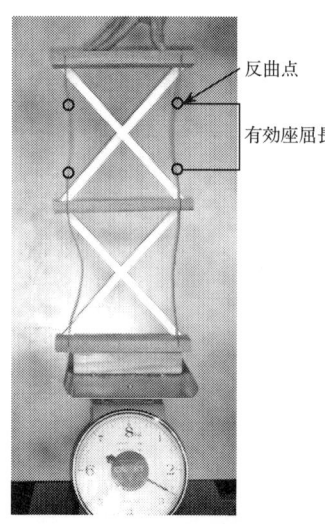

写真1.3.15 柱脚ピンの骨組
[実験5]

写真1.3.16 柱脚固定の骨組
[実験6]

大きく変形する．これは，柱の座屈に伴い梁Bが水平移動するからである．

この柱の有効座屈長さは，写真1.3.17のピン支点間の距離と考えることができるので，2.0Lである．座屈荷重の大きさは，2.9 N (0.3 kgf) である．この実験では，この骨組3はほとんど抵抗することなしに座屈してしまう．

［実験8］（骨組4：柱脚固定の場合）

柱脚固定の骨組4の変形は，写真1.3.18のようになる．梁Bが水平方向に移動するのは，実験7と同じであるが，座屈荷重は11.8 N (1.2 kgf) である．柱脚が固定なので，骨組3より大きな荷重で座屈した．写真1.3.18に示す反曲点の位置から，柱の有効座屈長さは1.0Lであることがわかる．写真1.3.18の1層部分と写真1.3.14のラーメン骨組の変形は同じであることに注意してほしい．

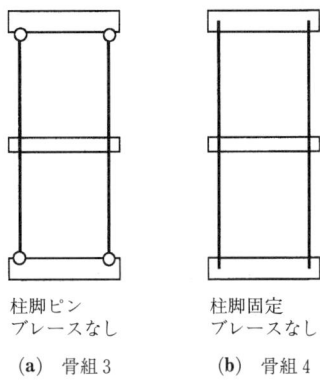

| (a) 骨組3 | (b) 骨組4 |
| 柱脚ピン ブレースなし | 柱脚固定 ブレースなし |

図1.3.11 ブレースのない骨組

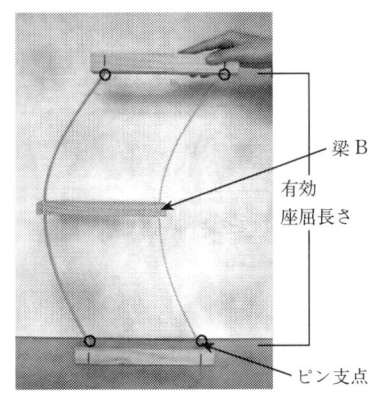

写真1.3.17 2層ラーメン柱脚ピン（ブレースなし）［実験7］

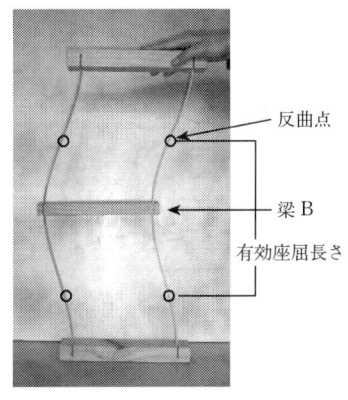

写真1.3.18 2層ラーメン柱脚固定（ブレースなし）［実験8］

表1.3.6 骨組1から骨組4の実験のまとめ

	ブレース	柱頭・柱脚 支持条件	柱の有効 座屈長さ	座屈荷重 の実験値	部材の座屈実験から 求めた座屈耐力*
骨組1	有	ピン	0.7L	実験5 20.6 N (2.1 kgf)	実験2×2 23.5 N (2.4 kgf)
骨組2	有	固定	0.5L	実験6 38.2 N (3.9 kgf)	実験3×2 43.1 N (4.4 kgf)
骨組3	無	ピン	2.0L	実験7 2.9 N (0.3 kgf)	
骨組4	無	固定	1.0L	実験8 11.8 N (1.2 kg)	実験1×2 12.7 N (1.3 kgf)

（注）長さLは1本の柱の長さである．

表1.3.7 柱の有効座屈長さ

移動に対する条件	拘束		自由	拘束	自由	
回転に対する条件	両端固定	一端自由 一端固定	両端固定	両端自由	一端自由 一端固定	一端自由 一端固定
	(a)	(b)	(c)	(d)	(e)	(f)
座屈のモード (破線が座屈 変形を示す)						
L_k/L 理論値	0.5	0.7	1.0	1.0	2.0	2.0

5) 考　察

表1.3.6は，実験5から実験8の実験結果をまとめたものである．

これらの実験から，梁Bが水平移動を起こす場合は，骨組の座屈耐力は著しく低下することがわかる．これは，柱の座屈により有効座屈長さが大きくなるからである．

次に，部材の座屈実験と骨組の座屈実験にはどういう関連があるだろうか．

骨組1の柱の有効座屈長さと実験2の柱の有効座屈長さは，どちらも$0.7L$ということになる．すなわち，骨組1の座屈耐力は，実験2の柱2本分の座屈耐力と同等であるといえよう．表1.3.6の*の欄の値は，実験1から実験3で求めた部材の座屈実験の結果から，各骨組の座屈耐力を求めたものである．各骨組の実験値と比較しても，よく一致していることがわかる．

(5) まとめ

柱や骨組の座屈実験を行い，以下のことがわかる．

① 柱の有効座屈長さL_kは，端部の境界条件により異なるが，座屈形状より反曲点間の距離として見出すことができる．すなわち，柱材の節点の横移動の拘束の有無にかかわらず，その横移動に対する条件と回転に対する条件によって求められる有効座屈長さL_kを用いて，柱の座屈設計の細長比λは，$\lambda=L_k/i$より求めることができる．ここに，iは座屈方向の断面二次半径である．

② 柱の弾性座屈荷重は有効座屈長さの2乗に反比例する．

③ ブレースが設置してある構面では，柱頂部の水平移動は生じないと考えることができる．表1.3.7に，有効座屈長さに関する理論値の例を示す．同表での移動に対する条件の欄で，自由はラーメン骨組，拘束はブレース付きの骨組内の柱であると考えてよい．

1.4 開断面材と閉断面材

(1) 薄肉開断面梁と薄肉閉断面梁のねじり実験

1) 梁の横座屈

鋼構造の教科書[1]によると，H形断面の梁の両端に曲げモーメントを加え，横座屈を生じたときの曲げモーメント M_c は次式で表される．

$$M_c = \frac{\pi}{l_b}\sqrt{EI_y GK + \frac{\pi^2}{l_b^2}EI_y E\Gamma} \qquad (1)$$

ここに，l_b：梁の長さ，E と G：梁材料のヤング係数とせん断弾性係数，I_y：y 軸(弱軸)まわりの断面二次モーメント，K：サンブナンのねじり定数，Γ：曲げねじり定数(図1.4.1)．

この梁の横座屈現象は，H形断面において，2軸(強軸と弱軸)まわりの曲げ剛性が大きく異なること，また，このような薄肉開断面はねじり剛性が小さくねじれやすいために生ずるものである．

式(1)の GK はサンブナンねじり剛性と呼ばれ，$E\Gamma$ は曲げねじり剛性と呼ばれる．これらの2つの剛性の大小は，以下で説明する開断面と閉断面で異なる．

2) 薄肉開断面と薄肉閉断面

図1.4.2(a)に示すH形断面，溝形断面，スリット入り薄肉円形断面のように断面が開いているものを薄肉開断面と呼び，図1.4.2(b)に示す薄肉箱形(角形)断面や薄肉円断面のように断面が閉じているものを薄肉閉断面と呼ぶ．

3) 実験の目的

薄肉断面でも，開断面と閉断面では，そのねじり剛性が大きく異なる．紙製の薄肉角形断面梁と薄肉スリット入り角形断面梁およびH形断面梁をねじることにより，両者のねじり剛性の大きさを比較する．

4) 準備するもの

・木工用ボンド

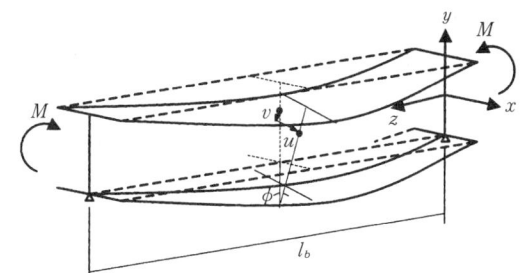

図1.4.1 H形断面梁の横座屈

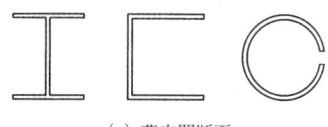

(a) 薄肉開断面

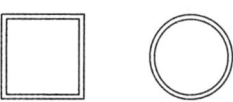

(b) 薄肉閉断面

図1.4.2 薄肉断面形の分類

・厚紙(厚さ0.7 mm程度)
・糸
・目盛のついた紙：2枚
・輪ゴム：2本
・割りばし：2本
・クリップ：2個
・おもり(10円玉)
・万力(回転式精密バイス：口の幅52 mm，口の開き35 mm)
・組立て用パイプ(イレクターパイプ)：8本
・プラスチックコップ：2個

5) 実験の手順

以下に示す手順に従って図1.4.3および写真1.4.1に示すような実験装置を作り，薄肉開断面梁と，薄肉閉断面梁のねじり変形の大きさの比較のための実験を行う．

① 幅2 cm，成3 cm，長さ40 cmのH形断面梁と，幅2 cm，成3 cm，長さ40 cm

の角形断面梁と，スリット入り角形断面梁（スリットの幅は1mm）を厚紙で製作する．

② 3cmごとに隔壁（スチフナ）を入れ，梁両端ではスチフナの間隔を縮める．

③ まず，手でねじってねじり剛性を実感する（閉断面は開断面に比べねじり剛性が高いことが実感できる）．

④ 図1.4.3および写真1.4.1のように組立て用パイプ（イレクターパイプ）で枠を作り，水平面に荷重をかけて，試験体をねじる．このとき，荷重を伝える糸とパイプの間に摩擦がないようにする．

⑤ おもりを増やしながら，梁断面の回転角の大きさを測定する．

6) 実 験 結 果

図1.4.4に，測定したせん断中心での回転角とねじりモーメントの関係をプロットしたものを示す．●印がスリットの入っていない薄肉角形断面梁，□印がスリットの入っている薄肉角形断面梁，×印がH形断面梁の測定値である．

7) 考　　察

この2つの断面のねじり剛性の大きさの比は，この実験で得られた2つの直線の傾きで与えられる．この比を調べることにより，薄肉開断面梁は薄肉閉断面梁に比してねじり剛性は数百分の1になることがわかる．

ここで，建築構造に使われるH形断面と角形断面について，断面定数 K, Γ の大きさを比較してみよう．

薄肉開断面におけるサンブナンのねじり定数 K は次式で与えられる．

$$K = \frac{1}{3}\sum_i b_i t_i^3 \quad (2)$$

ここに，b_i, t_i：薄肉断面を分割したときのそれぞれの長さと板厚．

薄肉閉断面の K の計算法については，材料力学の参考書[2]等に掲載されている．

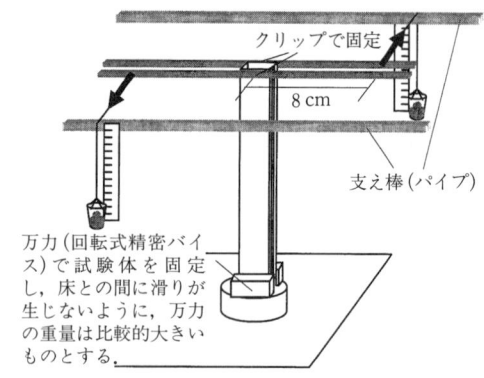

図1.4.3　薄肉断面梁のねじり実験

写真1.4.1

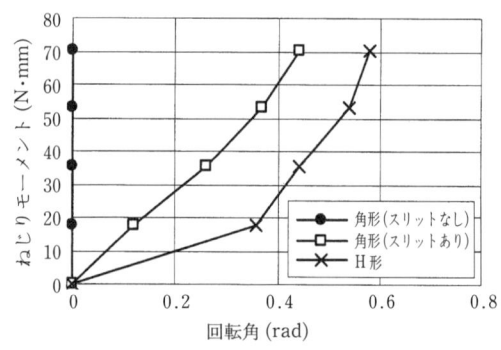

図1.4.4　荷重と回転角の関係（実験結果）

一方，薄肉断面の曲げねじり定数 Γ は，次式で与えられる．

H形断面　$\Gamma = \dfrac{1}{24}b^3 d^2 t$

$$(3)$$

角形断面　$\Gamma = \dfrac{a^2 b^2 (a-b)^2}{24(a+b)} t$

$$(4)$$

これらの断面定数は，梁をねじるときに生ずる断面の凹凸量に関係して算出することができる．

図1.4.5に代表的な薄肉梁断面のねじり定数 K，Γ の計算値を示しておく．

図1.4.5(a)の広幅H形断面と(b)の細幅H形断面の場合について，式(1)の平方根の中の第1項と第2項の値を求めてみると次のようになる．ここに，梁の長さ l_b は5mとしている．

広幅H形断面
第1項　5.16×10^{19} kN²·mm⁴
第2項　2.88×10^{19} kN²·mm⁴

細幅H形断面
第1項　2.76×10^{16} kN²·mm⁴
第2項　4.78×10^{16} kN²·mm⁴

このように，成の低い厚板の梁では第1項が，成の高い薄板の梁では第2項が大きくなる[1]．

(2) 薄肉梁断面のせん断中心を見つける実験
1) せん断中心

梁断面にはせん断中心が存在する．例えば，図1.4.6に示すように薄肉溝形断面をもつ片持ち梁の先端に，梁の長さ方向に対して垂直な方向に集中荷重 P が作用する場合を考える．一般に，この梁には曲げ変形とねじり変形が生ずる．しかしながら，荷重がある方向に作用すると，梁はねじりを伴わない曲げが存在する．このようにねじりを伴わない曲げ変形のみが生ずる力の方向は，断面のある1点を通る．この点が梁断面のせん断中心Sである．

図1.4.7に，薄肉溝形断面とスリット入り薄肉円断面のせん断中心の位置を示しておく．なお，一般的な形をした薄肉断面のせん断中心の位置については，参考文献2)に詳しい説明があり，また計算プログラムが掲載されている．

このように，せん断中心は曲げ変形とねじり変形を分離させる点であり，この2つの変形を別々に考えることができる断面内の点である．

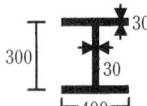

(a) 広幅H形断面
$K = 9.90 \times 10^6$ mm⁴
$\Gamma = 5.40 \times 10^{12}$ mm⁶
$(I_y = 3.20 \times 10^8$ mm⁴$)$

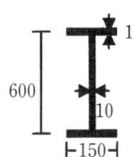

(b) 細幅H形断面
$K = 3.00 \times 10^5$ mm⁴
$\Gamma = 5.06 \times 10^{11}$ mm⁶
$(I_y = 5.63 \times 10^6$ mm⁴$)$

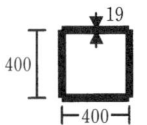

(c) 角形断面　（単位：mm）
$K = 1.22 \times 10^9$ mm⁴
$\Gamma = 0$

図1.4.5　代表的な薄肉梁断面のねじり定数

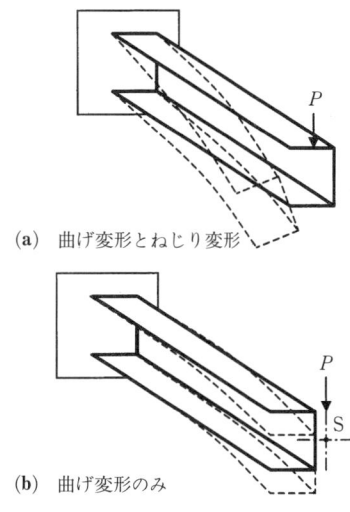

(a) 曲げ変形とねじり変形

(b) 曲げ変形のみ

図1.4.6　薄肉溝形断面片持ち梁の変形

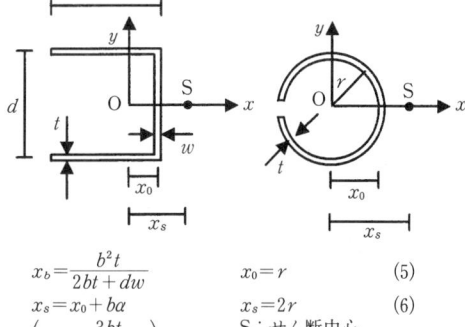

$$x_b = \frac{b^2 t}{2bt + dw} \qquad x_0 = r \qquad (5)$$
$$x_s = x_0 + ba \qquad x_s = 2r \qquad (6)$$
$$\left(a = \frac{3bt}{6bt + dw} \right)$$

S：せん断中心
O：図心

図1.4.7　薄肉溝形断面とスリット入り薄肉円断面のせん断中心位置

せん断中心は断面定数のひとつである．せん断中心は，断面の外部に存在することもあり，一般に図心とは異なる．せん断中心については参考文献3),4)に解説が載っている．

2つの溝形断面のウェブを重ねて一緒に用いることにより，2軸対称形の断面にすることができる．

2) 実験の目的

断面形が2軸対称形の場合は，せん断中心は2軸の交点に位置し，断面の図心と一致する．断面形が1軸対称形の場合は，せん断中心はこの対称軸上にあるが，図心とは異なる．

このような非対称断面の場合の，断面のせん断中心を求めるための実験を行う．

紙で作った梁模型を用いて，ねじりを伴わない力の作用線を探すことにより，断面のせん断中心を求める．

3) 準備するもの

- 厚紙
- 割りばし：2本
- ボンド
- プラスチックコップ
- 輪ゴム：2本
- 押しピン：1個
- 糸
- 目盛のついた紙：2枚
- 万力
- おもり（10円玉）

4) 実験の手順

以下に示す手順に従って，図1.4.8および写真1.4.2に示すような実験装置を作り，薄肉溝形断面（チャンネル断面）のせん断中心位置を見つけるための実験を行う．

① 厚紙で，幅2 cm，成2 cm，長さ40 cmと幅2 cm，成3 cm，長さ40 cmの2種類の溝形断面材（チャンネル材）を製作する．

② 溝形断面材には3 cmごとに隔壁（スチフナ）を入れ，梁両端ではスチフナの間隔を縮める．

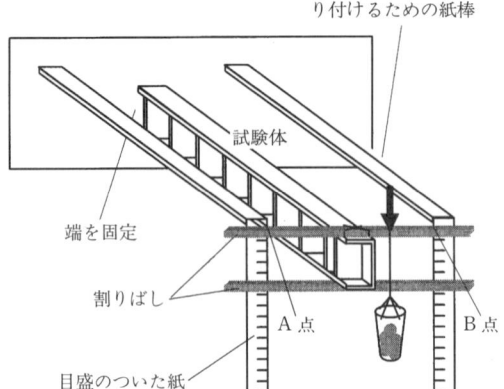

図1.4.8 せん断中心を見つける実験

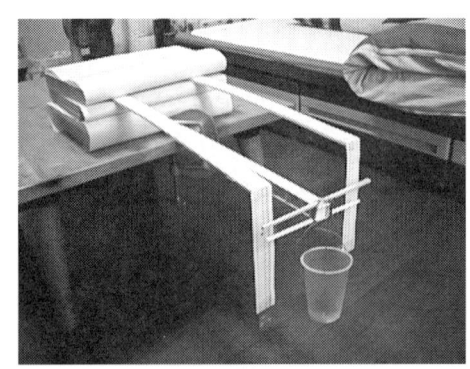

写真1.4.2

③ 梁の自由端側には，断面の上側フランジと下側フランジに割りばしをあて，この割りばしの中心が梁の中心と一致するように梁を輪ゴムで固定する．

④ 輪ゴムの上から糸を巻いて，割りばしと梁をさらに強く固定する．

⑤ コップに孔をあけて糸を通して，おもりを載せる載荷装置を製作する．

⑥ 万力で梁の端部を机に固定する．梁端部の5 cmが机に固定され，片持ち梁の長さが35 cmとなるようにする．

⑦ 上フランジ側の割りばしに5 mmの間隔で押しピンを刺す．この位置におもりをぶら下げ，おもりの作用していない側の割りばしで割りばしの両端の高さを目盛から読み取る．

⑧ おもりの位置を横軸に,割りばしの両端の高さを縦軸にしてプロットすると,2つの折れ線が描かれる.この2つの曲線の交点の横軸の値は,梁両端が同じ高さのとき,すなわち,ねじりを伴わない曲げが実現するときのおもりの位置を示している.この位置に作用する鉛直荷重はねじりを伴わないで曲げ変形のみが生じていることになる.この位置でのおもりの作用線はせん断中心を通っている.このようにして,断面のせん断中心を見つけることができる.

5) 実験結果

2種類の溝形断面梁の,荷重位置と割りばし両端の変位をプロットしたものを図1.4.9に示す.この実験図より,成2 cm,成3 cmの断面のせん断中心は,それぞれ12 mm,11 mmと読み取ることができる.

6) 考察

前述したように,材料力学の知識によれば,溝形断面のせん断中心は断面の図心を座標の原点にすると,成2 cmの場合は

$$x_s = x_0 + \frac{3b^2 t}{6bt + dw} = 6.7 + 8.5$$
$$= 15.2 \text{ mm} \tag{7}$$

となり,成3 cmの場合は

$$x_s = 5.7 + 8.0 = 13.7 \text{ mm} \tag{8}$$

となる.

材料力学で与えられる理論値は,それぞれ実験値と若干の差が認められるが,このように紙製模型実験により,せん断中心の概略の位置を探すことができる.

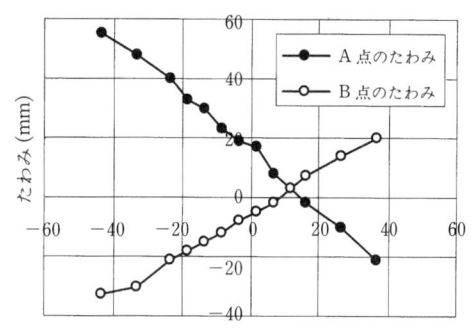

(a) 成2 cmの断面

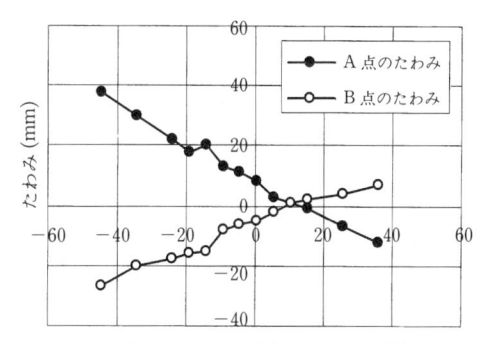

(b) 成3 cmの断面

図1.4.9 おもりの位置と割りばしの両端のたわみ（実験結果）

参考文献

1) 椋代仁朗・黒羽啓明：鉄骨構造,森北出版,1983.
2) 藤谷義信：薄肉はり構造解析,培風館,p. 48, 1990.
3) 山崎徳也・彦坂熙：構造解析の基礎,共立出版,p. 47, 1978.
4) ギャランボス著,福本唶士・西野文雄共訳：鋼構造部材と骨組,丸善,p. 52, 1970.

1.5 紙模型梁強度コンテスト

(1) 実験の目的

構造部材の耐力は一般に断面性能により決定される．しかし，鋼構造部材の場合は細長い部材となったり薄板で構成されることが多いので，部材の全体座屈や板要素の局部座屈によって早期に耐力が低下することもありうる．本節では構造設計者になったつもりで，最小の重量で最大の耐力を有するH形梁を，以下の条件で設計してみよう．5チームから10チームで梁を製作し，その強度を競うとよい．

(2) 実 験

1) 準備するもの

- 同一コンテストで同じ材料を使うのであれば，紙の種類は自由（例えばアイボリーケント紙（#450）や表紙用の紙（0.7 mm程度の厚さ）など）
- 木片（3×10 mmで長さはフランジ幅）
- 木工用ボンド
- 大きめの買物用紙袋
- メジャー
- カッターナイフ
- カッティングマット
- 円筒形のサインペン：2個
- セロテープ
- 台ばかり：2個（容量500 gfおよび20 kgf程度）
- おもり（本またはボルト，ナットなど）

木片の代わりに紙パンチファイルに使用されている細長い金具を梁フランジ幅に切断して使用してもよい．

2) 梁試験体の製作

試験体は以下の条件を満たすものとする．

① 材料は全チーム同一とし，ここでは表紙用の市販の紙（厚さ0.7 mm程度）および木工用ボンドを使用する．

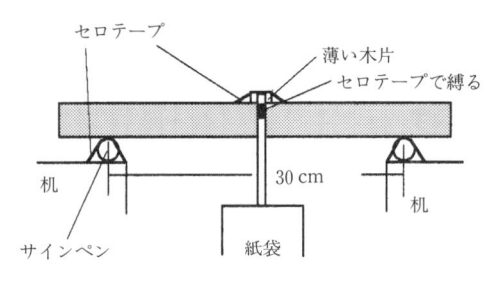

図1.5.1 実験方法

② 断面形はH形断面とし，形状寸法，スチフナ補剛方法などは自由とする．梁長さは35 cm以上とする．

③ 載荷条件はスパンを30 cmとした両端単純支持とし，中央集中荷重とする．

3) 実験方法

実験方法を図1.5.1，写真1.5.1に示す．

① 試験体の重さを台ばかり（容量500 gf程度）で計測する．

② 両端部の支点は円筒形のサインペンを動かないようにセロテープで固定して利用する．

③ 中央の荷重点では，上に固い木片または薄い金属板などをセロテープで固定し，紙袋のひもをその上に載せ，セロテープで固定する（図1.5.1）．おもりを入れると紙袋のひもは広がるので，広がらないようにセロテープで2か所縛っておく．

④ おもりは，例えば本やボルト，ナットなどを用いる．荷重を徐々に増していき，破壊するまで加える．破壊後のおもりの測定には台ばかり（容量20 kgf程度）を用いる．

4) 評価方法

破壊荷重をP_uとし，試験体の重さをWとすると，P_u/Wで評価する．すなわち，P_u/Wの大きい順に上位とする．これは，少ない材料で大きな耐力を与える試験体の尺度を意味するものである．

1.5 紙模型梁強度コンテスト

写真1.5.1 実験状況

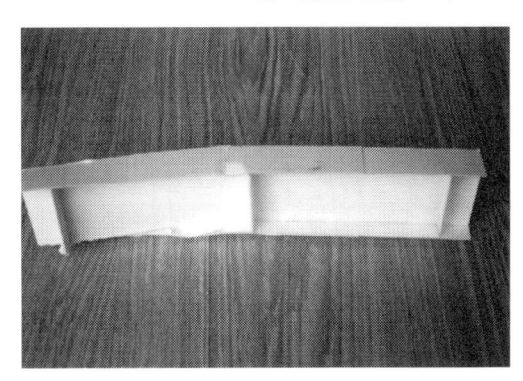

写真1.5.2 1位入賞梁の終局状態

写真1.5.3 2位入賞梁の終局状態

写真1.5.4 3位入賞梁の終局状態

表1.5.1 実験結果の一例

順位	1	2	3	4	5	6
断面	H-65×30	H-40×33	H-50×30	H-53×30	H-34×30	H-30×40
フランジ貼合せ枚数	中央3枚 端部2枚	2枚 (1.4 cm)	2枚 (1.4 cm)	2枚 (1.4 cm)	3枚 (2.1 cm)	2枚 (1.4 cm)
ウェブ数	2枚	3枚	3枚	3枚	2枚	2枚
スチフナ1枚の紙貼合せ枚数	中央2枚 端部1枚	2枚ずつ,縦と斜め45°のトラス状配置	中央2枚 端部2枚	中央2枚 端部1枚	1枚 3 cm間隔配置	1枚 3 cm間隔配置
試験体重量	0.61 N	0.59 N	0.47 N	0.61 N	0.32 N	0.31 N
最大耐力	174 kN	164 kN	124 kN	156 kN	65 kN	44 kN
耐力/重量	285	278	264	256	203	142
特徴	梁成大,フランジ厚変化,端部スチフナ薄い	梁成中,中央端部のスチフナトラス状	梁成が中央2 cm位置より端部へ直線的に減少	梁成大,端部スチフナ薄い	アーチ構造,梁成小	梁成小
最終破壊状況	端部スチフナが曲がり横倒れ	荷重偏心による横倒れ,斜めスチフナ先端よりフランジ局部座屈	荷重偏心,圧縮側フランジ局部座屈と横倒れ	端部スチフナが曲がり横倒れ	フランジ局部座屈,アーチ端部が開いて移動	フランジ局部座屈

（3） コンテストの例

表1.5.1に実験結果の一例を示す．写真1.5.2は1位に入賞した梁の終局状態の写真である．表1.5.1でもわかるように梁成を大きくし，フランジを中央で厚く，端部で薄くなるように変化させているのが特徴である．しかし，端部のスチフナが弱く，載荷の途中でスチフナが変形して横倒れ崩壊を生じた．

写真1.5.3は2位の梁の終局状態の写真である．梁成は大きくないが，スチフナが斜め45°方向に入りトラス状になっているのが特徴である．破壊はトラスの先端部分の断面で生じている．

写真1.5.4は順位3の梁の終局状態の写真である．この梁は中央と端部で梁成を変化させたものである．荷重が少し偏心してかかり，梁にねじれが加わった．また，中央フランジのフラットな部分と斜めの部分との交点あたりから局部座屈が発生した．

その他にもアーチ状のものなどユニークなものが提案された．

（4） コンテストで上位入賞するために

少ない材料で強い梁を実現するためにはどうしたらよいかのヒントを以下に列記する．これらを参考にして，上位入賞するように工夫して頂きたい．

① 梁内の曲げモーメント M，せん断力 Q 分布を求めてみる．

② 梁内の M，Q の大きい箇所で必要な断面寸法は決定される．すなわち，$\sigma_f = M/Z$，$\tau = Q/A_w$ である．ここに，σ_f は縁応力度，Z は断面係数，τ は梁ウェブに作用する平均せん断応力，A_w はウェブ断面積である（図1.5.2）．

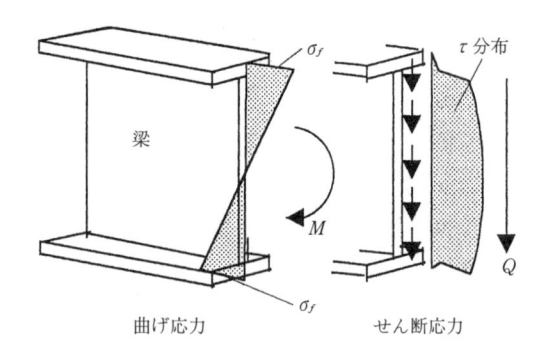

図1.5.2 梁内の曲げ，せん断応力度

③ 梁の曲げ耐力を向上させるためには断面係数を高めることが必要である．そのためには，梁成を高くしたり，フランジの断面積を増やしたりすることが有効である．

④ しかし，梁成を高くすると横倒れや横座屈が起こりやすくなり，フランジの幅を広くすると局部座屈が起こりやすくなる．断面性能を高めることと，座屈などの不安定現象を防止するためのバランスが大切である．

⑤ フランジ局部座屈の発生を防止したり，支点や荷重点での不安定現象を防止するための方法としてスチフナ補剛することは有効である．

⑥ せん断力に対する抵抗性能を高めるためには，梁ウェブの断面積を増やすことが有効である．しかし，限られた重量で曲げ性能を高めることと，せん断力に対する抵抗性能を高めることの，どちらを優先したほうがよいかを検討する必要があろう．

第2章　接　合　部

2.1　薄板接合部の補強方法
2.2　高力ボルト摩擦接合
2.3　完全溶込溶接と隅肉溶接
2.4　ブレース接合部の破壊形式

2.1 薄板接合部の補強方法

(1) 実験の目的

鋼構造物は一般に薄板で構成されている．例えば H 形鋼はフランジとウェブからなる．このため，薄板にどのように力を伝達させればよいのかは鋼構造物，特にその接合部を設計するうえで基本的で重要な問題である．そこで，本実験は以下の目的で行う．

① 薄板への力の伝達方法（板の面に平行な力（面内力）によって伝えられるべきであること）を知る．

② 上記の考え方に基づいて，具体的な接合部における力の合理的な伝達方法を学ぶ．

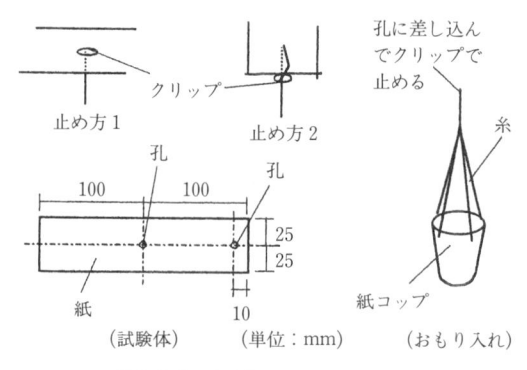

図 2.1.1 試験体およびおもり入れ

(2) 薄板の実験

1) 準備するもの
・表紙用の紙（厚さ 0.7 mm 程度）
・クリップ
・カッターナイフ
・カッティングマット
・孔あけ用きりまたは目打ち
・糸
・紙コップと 10 円玉 10 個
・ものさし

2) 薄板試験体の製作

材料は表紙用の市販の紙で，厚さ 0.7 mm 程度のものを使用する．試験体は 200×50 mm の長方形薄板とし，図 2.1.1 に示すように中央および端部に目打ちなどで孔をあける．

3) 薄板試験体の実験方法

載荷条件は写真 2.1.1～2.1.3 に示す 3 種類とする．まずおもり入れに 10 円玉 10 個を入れておく．以下に実験方法を簡単に示す．

① 荷重形式 1 —— 図 2.1.1 に示す止め方 1 のように，試験体中央の孔におもり入れの糸を通し，それをクリップで固定する．そして，写真 2.1.1 のように板を水平にして

写真 2.1.1 荷重形式 1

写真 2.1.2 荷重形式 2

両端を手で支え，板の面外方向へおもりを吊るして，その面外方向のたわみを観察する．

② 荷重形式 2 —— 荷重形式 1 の状態から

板を垂直に起こして両端を手で挟み，おもり入れを試験体中央孔に図2.1.1の止め方2の方法で止め，写真2.1.2のように荷重を面内方向に作用させて，板の変形状態を観察する．

③ 荷重形式3――試験体を吊るすようにもち，下端の孔に図2.1.1の止め方2の方法でおもり入れを吊るして，荷重を加え，その伸び変形を観察する．

4) **薄板の実験結果と考察**

薄板と同じおもりの組合せでも，荷重の加え方により変形の仕方(剛性)はまったく異なることがわかる．実験結果を整理すると以下のようになる．

① 荷重形式1では荷重が板の面外方向に作用しており，板は曲げ剛性が小さく，大きな変形を生じる可能性がある．

② 荷重形式2, 3では荷重は板の面内方向に作用しており，板は剛性が大きく，変形はほとんど生じていない．

以上のことから，薄板を使用する場合は力が板の面外方向に作用するようなディテールは避け，板の面内方向に力が作用するように考慮する必要がある．

(3) 筋かい接合部の実験

薄板は面内力で抵抗させることを基本とすべきことを，具体的に筋かい接合部で確かめる．

1) **準備するもの**
- 表紙用の紙(厚さ0.7mm程度)
- 木工用ボンド
- ものさし
- カッターナイフ
- カッティングマット

2) **筋かい接合部試験体の製作**

図2.1.2に筋かい接合部試験体の形状を表す全体図を，図2.1.3に筋かい接合部詳細組立図を示す．以下に，筋かい接合部試験体の製作手順を示す．

写真2.1.3 荷重形式3

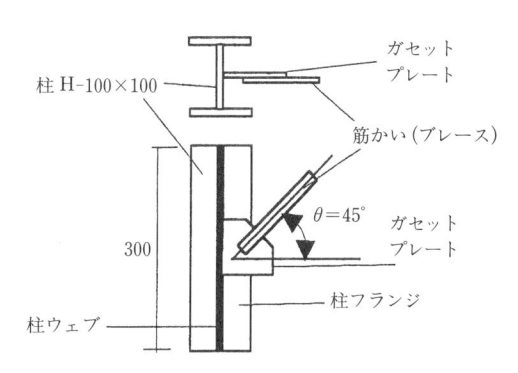

図2.1.2 試験体全体図

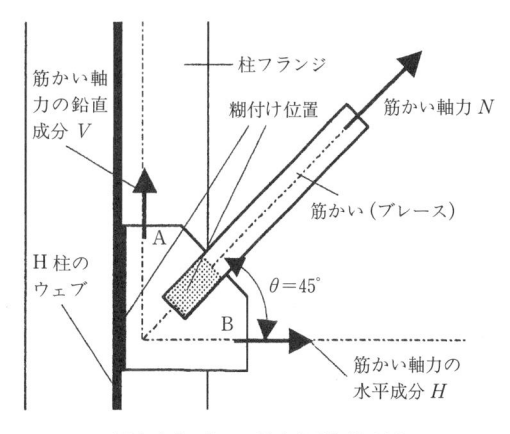

図2.1.3 筋かい接合部詳細組立図

① 図2.1.4に示す各部のパーツを切り出す．
② 柱H形断面をボンドを用いて組み立てる．
③ 筋かいをガセットプレートに45°方向に

貼り付ける．
④ ガセットプレートを柱ウェブに糊付けする．

写真 2.1.4 に，完成した筋かい接合部の模型を示す．

3) 筋かい接合部試験体の実験
以下に，筋かい接合部実験の手順を示す．

① 筋かい接合部の実験 1 —— 試験体柱の上下部分を手で固定した後，筋かい部分を引っ張ってみる．ガセットプレートを固定している柱ウェブがペコペコして動き，剛性が低い．そのために，筋かいは引張材として十分に働かないことが予想される．

② 筋かい接合部の実験 2 —— 筋かい軸力 N を，水平成分 H と鉛直成分 V とに分解して考える．ガセットプレートの A 点と B 点を，それぞれ V と H の方向に引っ張ってみる（図 2.1.3）．すると，鉛直成分 V に対しては柱ウェブはまったく動かず，剛で十分な抵抗を示すことがわかる．水平成分 H に対しては，写真 2.1.5 に見られるように柱ウェブが曲がってしまって十分抵抗できないことがわかる．

③ 筋かい接合部の実験 3 —— 図 2.1.5 に示すようにスチフナ 50×24 mm を 1 枚取り付けて同様な実験を行ってみる．すると，筋かい軸力 N に対しても，その成分 V, H に対しても，十分な抵抗剛性を有することが確認できる．

4) 筋かい接合部に関する考察
実験でわかったことを以下にまとめて示す．

① 筋かいに作用させた引張力 N のうち，鉛直方向の分力 V に対して柱ウェブは剛であったが，水平方向の分力 H に対して柱ウェブの面外剛性が低く，曲がってしまった．これは，鉛直成分 V は柱ウェブの面内力として伝達されているが，水平成分 H は柱ウェブに垂直に伝達されているためである．

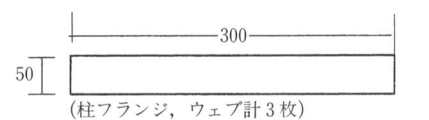

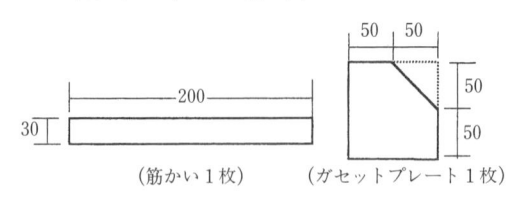

図 2.1.4 試験体パーツ図

写真 2.1.4 筋かい接合部模型

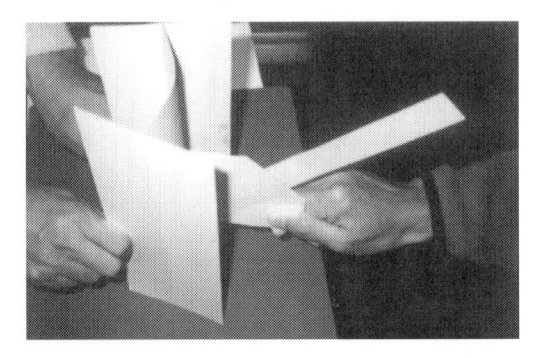

写真 2.1.5 水平力 H による柱ウェブの変形

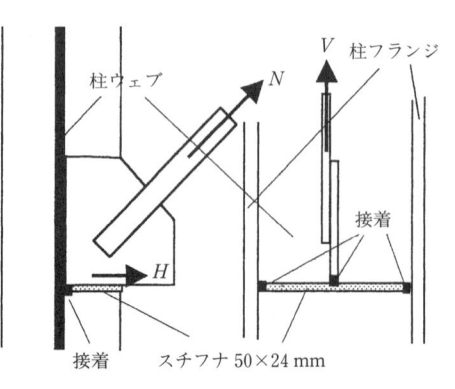

図 2.1.5 スチフナによる補強

② 接合部補強を考える．問題となった筋かいに作用する力 N の水平成分 H を柱に伝える場合，柱を構成するフランジとウェブの中で面内力としてこれに抵抗できるのは柱フランジであり，図 2.1.5 のようにスチフナを入れると，水平成分 H はスチフナから柱フランジまで，すべて面内力として伝達しうる（図 2.1.6）．補剛を確実にするためには，図中のスチフナ B も入れるとよりよい接合部が構成できる．

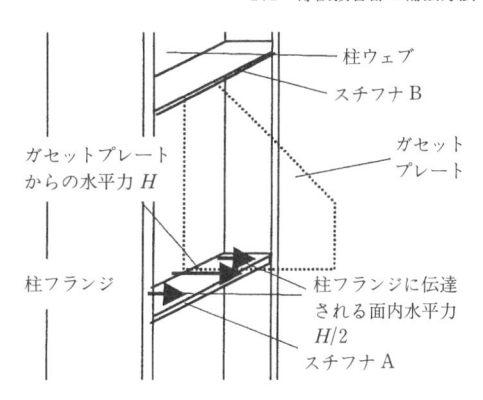

図 2.1.6 水平成分 H のスチフナによる伝達方法

(4) 応用問題

現在鋼構造建築物は，その多くがボックス柱と H 形鋼梁との組合せにより構成されている．ここでは両者を接合する方法を考えてみる．

1) 準備するもの
- 表紙用の紙（厚さ 0.7 mm 程度）
- 木工用ボンド
- ものさし
- カッターナイフ
- カッティングマット

2) ボックス柱接合部試験体の製作

図 2.1.7，写真 2.1.6 は，ここで使用するボックス柱に H 形梁を直接接合した試験体を示している．以下に試験体の製作手順を示す．

① 図 2.1.8 に示すパーツを切り出す．
② ボックス柱は一点鎖線部分にわずかな切込みを入れて曲げ，両端部を 2 mm ほど重ねて糊付けする．
③ H 形梁はフランジ中央にウェブを接着する．
④ 半日以上経過し，接着部分が十分硬化したら，図 2.1.7 のように梁を柱に直接接着する．

3) ボックス柱接合部の実験と考察

柱の上下を手で固定した状態で，梁先端を上下に動かしてみる．すると，柱フランジ面が面外にペコペコ動いて，梁が十分固定されていないことがわかる．

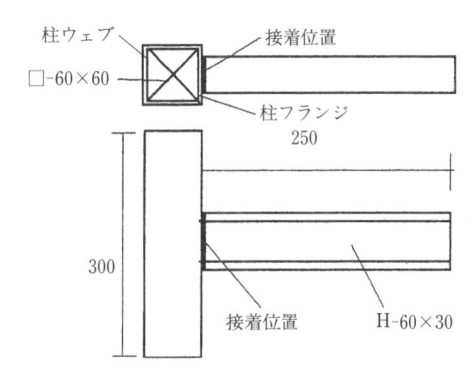

図 2.1.7 ボックス柱・H 形梁接合部

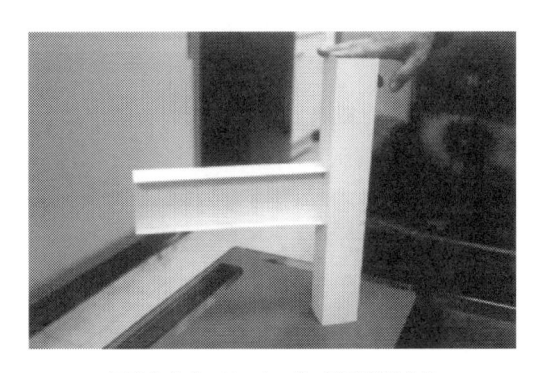

写真 2.1.6 ボックス柱・H 形梁接合部

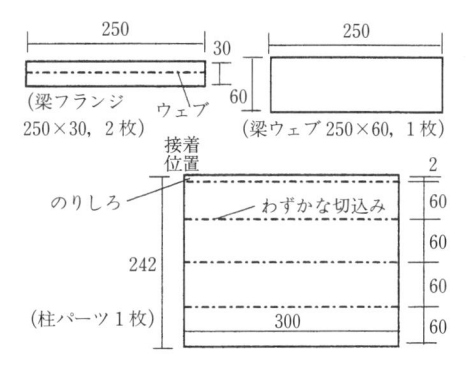

図 2.1.8 柱・梁接合部パーツ

これは，梁端曲げモーメントから生じる梁フランジの引張力や圧縮力が柱フランジ面に面外力として作用するからである(図2.1.9)．

4) 内ダイアフラム接合部試験体の製作

本節では図2.1.9の柱内部に内ダイアフラムを入れた内ダイアフラム試験体を製作し，実験してみよう．製作手順を以下に示す(図2.1.10)．

① 図2.1.8のパーツのほかに，内ダイアフラムとして59×59 mmの正方形板2枚を切り出す．ただし，同図中の柱のパーツでのりしろ部分は不要である．

② ボックス柱を組み立てる際に，梁上下フランジに対応する位置に内ダイアフラム3辺を柱の内側に接着する．その際，柱の外面に内ダイアフラムの中心線を描いておく．

③ ダイアフラムの残りの一辺および柱の角部にボンドをつけた状態で柱の蓋をする．

④ H形梁を製作し，上下フランジを内ダイアフラム中心線に合わせてフランジ，ウェブをボンドで接着する．

⑤ 半日以上経過し，接着材が硬化したら，実験を始める．

5) 内ダイアフラム接合部の実験と考察

内ダイアフラム架構の梁先端を上下に動かしてみる．図2.1.9のときとは異なり，柱フランジがペコペコせず，十分剛であることを確かめてみよう．

これより「内ダイアフラム形式は梁フランジの力を内ダイアフラムを通して柱の内側から柱ウェブに伝達している」ことがわかる(図2.1.11)．

6) 有効な柱梁接合部の考案

梁フランジから受ける力をボックス柱に有効に伝えるためには，どのような補強をしたらよいだろうか．実際の製作状況を参考にしながら，その方法を考える．

① 図2.1.9の上図に示すように，梁フラン

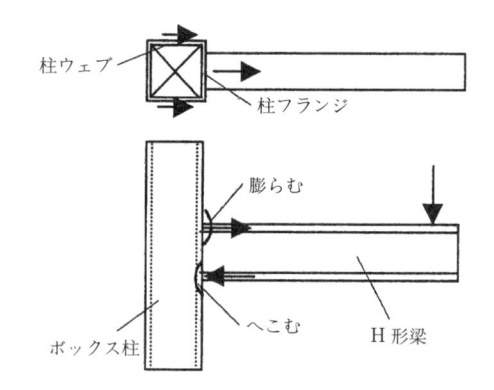

図2.1.9 梁を柱に直接接合した場合

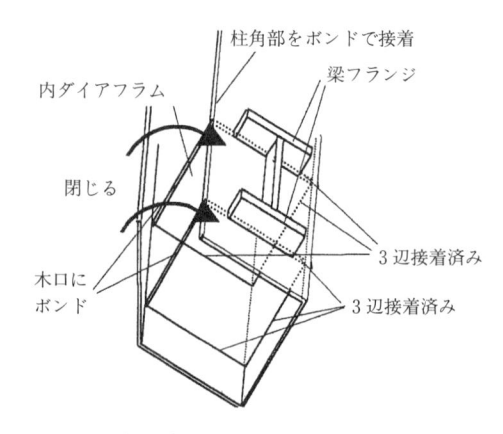

図2.1.10 内ダイアフラムの挿入方法

ジの力を最終的に柱ウェブへ伝達できれば，柱ウェブの面内力として抵抗させることができる．

② その方法として，内ダイアフラム形式，外ダイアフラム形式，通しダイアフラム形式などが提案されている．

③ 図2.1.11に，内ダイアフラム形式と外ダイアフラム形式の接合部を示す．また図2.1.12は，現在最も一般的に採用されている仕口である通しダイアフラム形式である．

④ 内ダイアフラム形式接合部は梁フランジと同一平面内で，ボックス柱の内部に四角のダイアフラム(図2.1.11の陰の部分)を挿入し，全周完全溶込溶接して製作する．

⑤ 外ダイアフラム形式は，ボックス柱の外側にダイアフラム(図2.1.11の陰の部分)

4枚を溶接して補剛するものである．
⑥ 通しダイアフラム形式の実際の製作方法を，図2.1.12を参照しながら以下に示す．
ⓐ 購入した柱をまず切断する．
ⓑ 切断した柱と柱の間に通しダイアフラム（図中陰の部分）を挟み，柱をダイアフラムに全周完全溶込溶接する．
ⓒ H形梁フランジとウェブを通しダイアフラムと柱フランジにそれぞれ溶接接合する．

3.5で通しダイアフラム形式接合部を有する骨組模型を製作するので，挑戦してみよう．

(5) まとめ

以上の実験から得たことをまとめると，以下のようになる．
① 薄板は板面の面外方向の力には十分抵抗できない．
② 薄板を有効に利用するためには，力を板の面内方向に伝達するように配慮する．
③ 接合部の設計においては，力が最終的にどの板要素に面内力として伝達されるのかを考慮して，必要な補強スチフナを配置する．

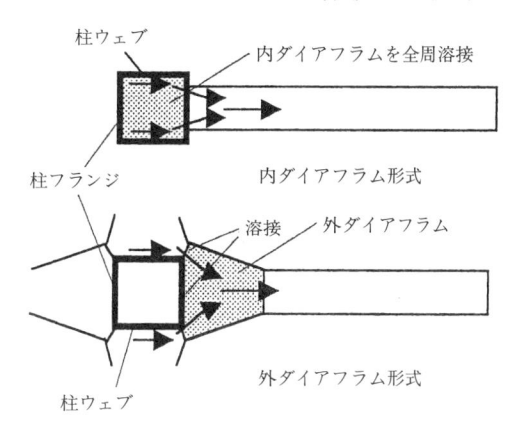

図2.1.11 内および外ダイアフラム形式接合部

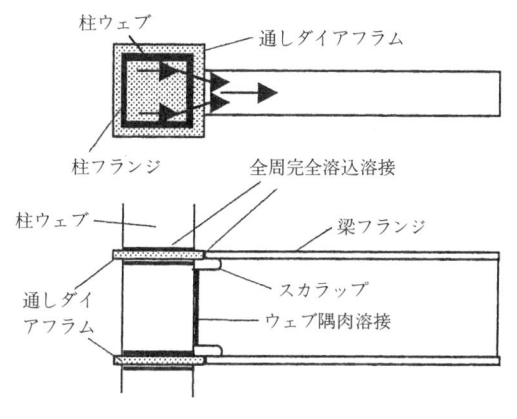

図2.1.12 通しダイアフラム形式

2.2 高力ボルト摩擦接合

ボルト軸と直角方向の力を伝達する場合，図2.2.1に示す2通りの方法がある．図2.2.1(a)は高力ボルトによる摩擦接合であり，同図(b)はボルト，リベットによる支圧接合である．摩擦接合は，高力ボルトを締め付けると鋼板間に大きな圧縮力が発生し，接合鋼板間の摩擦抵抗により図2.2.2のように応力を伝達させようとする接合方法である．したがって，高力ボルトにせん断力は作用していない．この摩擦力 Q は

$$\text{摩擦力 } Q = \text{摩擦係数 } \mu \times \text{締付力 } N$$

によって求められる．摩擦力が作用力を上まわっている場合は，接合部のずれがなく，接合されている鋼板が一枚板のように一体化していると考えられる．

それに対して支圧接合は，鋼板にあけられた孔に差し込んだボルトが孔の隙間だけ滑った後，図2.2.3のように孔の支圧力とボルト軸のせん断力により応力を伝達する方法である．

(a) 高力ボルトによる摩擦接合

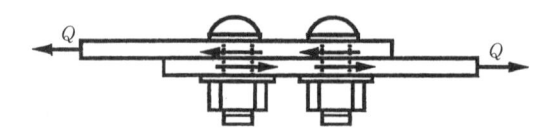

(b) ボルトやリベットによる支圧接合

図 2.2.1 接合の種類

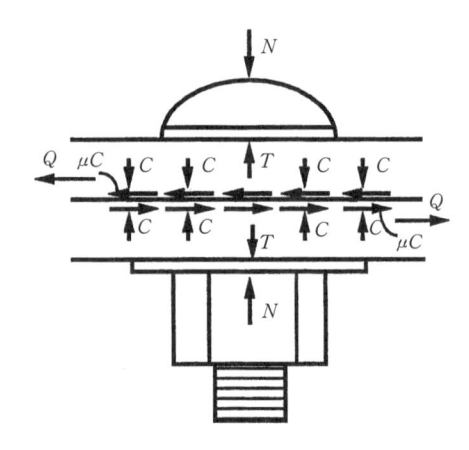

図 2.2.2 摩擦接合

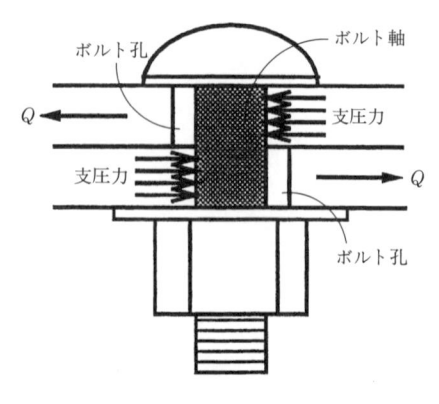

図 2.2.3 支圧接合

(1) 実験の目的

高力ボルト接合のメカニズムを実験的に明らかにするために，まず，軸力が加わったときの母材と添え板との接触面の摩擦係数を求める実験を行い，そのうえで高力ボルト摩擦接合と同じ形式による実験を行い，高力ボルト接合への理解を深める．

① 摩擦係数 μ を求める．
② 高力ボルト摩擦接合部の引張実験

(2) 摩擦係数 μ の求め方

1) 準備するもの
・ケント紙 (250 kgf)
・はさみ
・おもり
・S字形止め金具

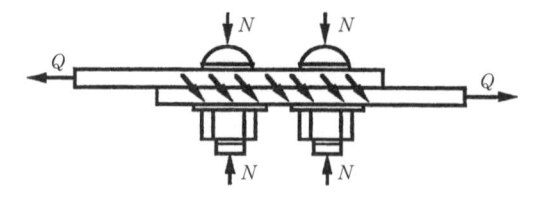

- ばねばかり
- ベニヤ板(厚さ 9 mm と 12 mm)
- 釣り糸
- 止め金具
- サンドペーパー(180 番)

2) 実験順序と実験結果

母材の鋼板の代用としてケント紙を用いたが，添え板は表面の粗さによって母材と添え板間の摩擦係数が異なるため，添え板にケント紙(表面が普通)とサンドペーパー(表面が粗い)を用い，それらの摩擦係数 μ を求める実験を以下のような順序で行った．なお，摩擦係数 μ は締付力(ボルト軸力)の大きさによって異なるため，締付力の代わりにおもり W を適用して摩擦係数 μ を求める．

① ベニヤ板から図 2.2.4 のような形状の滑り台 A を切り出し，滑り台 A の表面にケント紙を貼り付ける．滑り台の寸法は表示のとおりである．

② 次に，滑り台 A を図 2.2.5 のように机上におく．

③ 軸力に見立てるおもりを 1 N($\fallingdotseq$ 100 gf) ごと 13 個程度(13 N $\fallingdotseq$ 1300 gf)作っておく．

④ 次に，図 2.2.6 のような 9 mm 厚ベニヤから 70×65 mm の容器台 B を 1 枚切り出し，その一方の面に図 2.2.7 のようにケント紙を，他方の面にサンドペーパーを貼り付ける．

⑤ 次に，容器台 B の側面中央に釣り糸を引っ掛ける止め金具を取り付ける．

⑥ 容器台 B には容器台と容器を含めて 1 N になるようにおもりを調整する．出来上がれば，それを滑り台 A の上におく．次に，釣り糸の両端に図 2.2.8 のように S 字形止め金具を取り付け，図 2.2.6 のように容器台 B の止め金具に引っ掛け，もう一方の S 字形止め金具にばねばかり C を取り付ける．

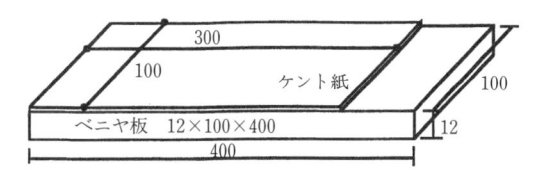

図 2.2.4 滑り台 A の形状と寸法

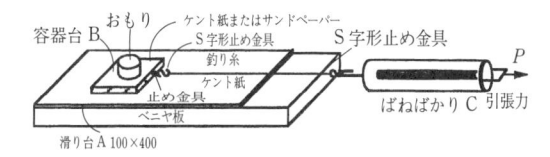

図 2.2.5 母材の摩擦係数を求める実験

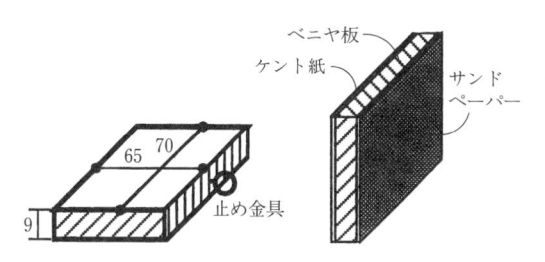

図 2.2.6 容器台 B と寸法　　図 2.2.7 容器台 B に貼るケント紙とサンドペーパー

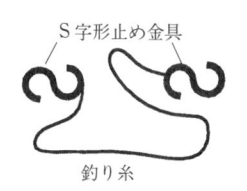

図 2.2.8 釣り糸と S 字形止め金具

表 2.2.1 軸力(おもり)と摩擦係数

摩擦面材質		軸力(N)	1.00	3.00	5.00	7.00	9.00	11.00	13.00
ケント紙	引張力(N)	1回目	0.35	0.89	1.42	1.96	2.44	2.90	2.89
		2回目	0.43	0.88	1.42	1.83	2.39	2.92	2.91
		3回目	0.38	0.86	1.42	1.87	2.45	2.88	2.90
		平均値	0.39	0.88	1.42	1.89	2.43	2.90	2.90
	摩擦係数		0.39	0.29	0.28	0.27	0.27	0.26	0.26
サンドペーパー	引張力(N)	1回目	1.26	3.28	5.32	6.73	7.88	8.73	8.73
		2回目	1.28	3.29	5.11	6.85	7.83	8.70	8.71
		3回目	1.28	3.34	5.22	6.82	7.82	8.75	8.74
		平均値	1.27	3.30	5.22	6.80	7.84	8.73	8.73
	摩擦係数		1.27	1.10	1.04	0.97	0.87	0.83	0.83

⑦ ばねばかりCを容器台Bが滑り出すまで引っ張り，そのときの荷重を測定する．
⑧ 次に，容器台Bにおもり2Nずつ3Nから13Nまで増していき，各おもりごとの滑り出し時の荷重を測定する．
⑨ 以上の実験を，容器台Bのケント紙を用いた場合と，サンドペーパーを用いた場合について行う．
⑩ その結果の一例として，軸力(おもり)と摩擦係数の関係を表2.2.1と図2.2.9に示す．

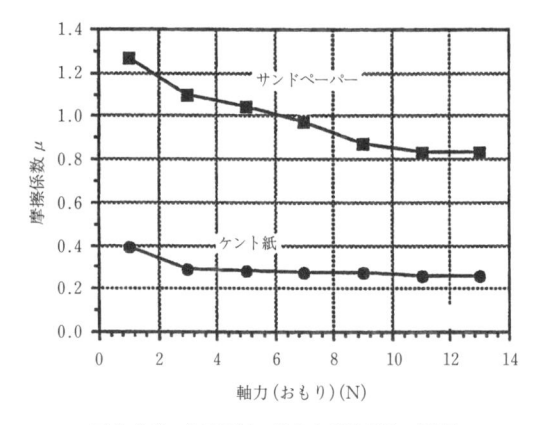

図2.2.9 各種母材の軸力と摩擦係数の関係

3) 考　察

ケント紙，サンドペーパーとも，軸力が大きくなると摩擦係数 μ は小さくなる傾向が見られた．ケント紙の摩擦係数 μ は 0.26～0.39，サンドペーパーは 0.83～1.27 であり，表面が粗いサンドペーパーのほうが大きいことがわかる．

(3) 高力ボルト接合部の引張実験

ここでは，高力ボルトの代わりに洗濯ばさみを用いて締め付けた摩擦接合部の引張実験を行う．

1) 準備するもの

- 洗濯ばさみ
- ケント紙(250 kgf)
- 一寸釘および三寸釘の頭を切り取った丸鋼
- 電気ドリル
- 針金
- バケツ
- 接着剤(エポキシ系)
- パンチ式孔あけ器
- サンドペーパー(180番)
- ベニヤ板(9×70×90 mm)：4枚

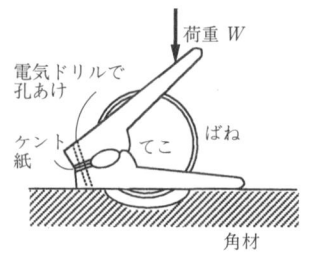

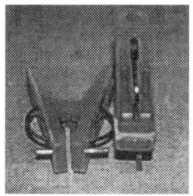

図2.2.10　洗濯ばさみの形状　　写真2.2.1　丸鋼入り洗濯ばさみ

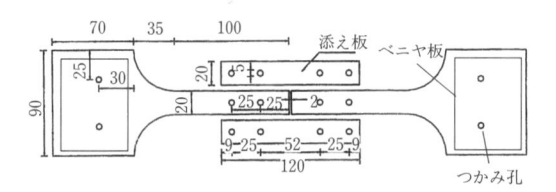

図2.2.11　ケント紙による試験体形状

2) 洗濯ばさみの挟み方

図2.2.10のように，洗濯ばさみの先端のはさみ部分は表面が凸凹しているため，その部分の上下面にケント紙を接着剤で貼り付ける．

貼付けが終わると，洗濯ばさみのはさみ部分

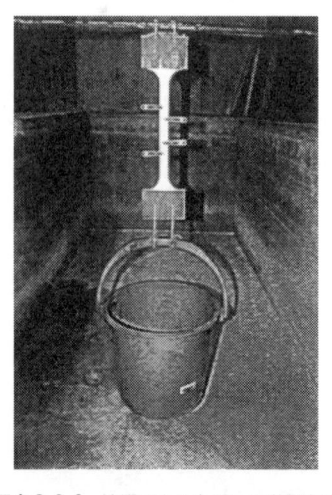

写真2.2.2　洗濯ばさみを用いた引張実験

に，図2.2.10，写真2.2.1のように電気ドリルで 2ϕ 程度の孔をあけ，一寸釘が通ることを確かめる．その準備が整うと，図2.2.11に示すようなケント紙の母材とケント紙またはサンドペーパーで作製した2枚の添え板の計3枚を洗濯ばさみで上下2本ずつ挟みつける．そのとき，洗濯ばさみ1本の軸力は N とする．洗濯ばさみ1本の挟み力はケント紙とサンドペーパーの厚みによって若干異なるが，大差はないので，ほぼ同じと考えてよい．

3) 実験方法と実験結果

① ケント紙を図2.2.11のように切り取り，試験体を製作する．その際，試験体両端にベニヤ板を接着材で貼りつけた後，電気ドリルでつかみ孔をあける．

② この試験体の中央4か所の位置（図2.2.11）に直径5mmの孔をパンチ式孔あけ器を用いてあける．その際，本体と添え板3枚を束ねて孔をあけるとよい．そして，洗濯ばさみの孔と試験体の孔が一致するように洗濯ばさみではさむ．すなわち，洗濯ばさみと試験体の孔に釘を通しておく．このように添え板が2枚あり，摩擦面が2面ある場合を2面せん断という．

③ 試験体の上下端をつかみ孔を通して針金で上端を固定し，下端にバケツを吊るす（写真2.2.2）．試験体の先端のバケツに水を少しずつ入れていく．まず，滑りが生じる前に，洗濯ばさみに挿入した一寸釘が自由に動くことを確認する．さらに水を増してゆき，滑りが生じ始めたときの重量を測定する（写真2.2.3 (a)，(b)）．

④ 十分滑りが生じた後に再び釘を動かしてみる．釘に力が作用して自由に動かないことを確認する．さらに接合部が破壊するまでバケツに水を入れ，破壊時の重量を測定する．

⑤ 実験結果を，写真2.2.4 (a)～(d) と表2.2.2に示した．

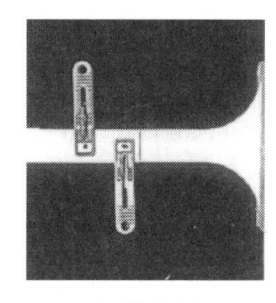

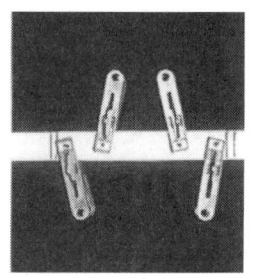

(a) 摩擦接合時　　　(b) 滑った後

写真 2.2.3 摩擦接合から支圧接合

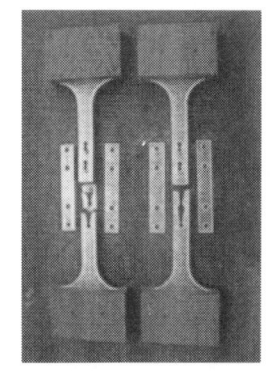

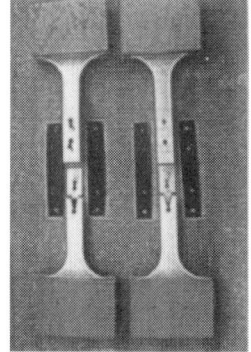

(a) ケント紙の場合　　(c) サンドペーパーの場合

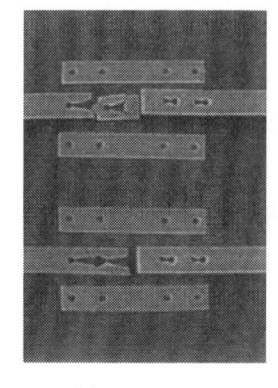

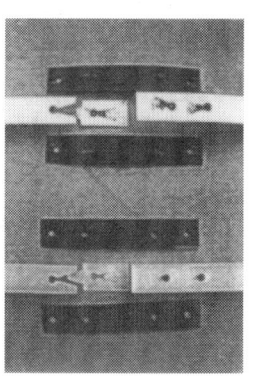

(b) ケント紙詳細　　(d) サンドペーパー詳細

写真 2.2.4 実験後の支圧破壊状態

4) 滑り荷重の計算値

(2)で求めた各々の摩擦係数 μ と3)から求めた洗濯ばさみの挟み力 N を使って，高力ボルト形式による滑り荷重の計算を求める．

① 1本の洗濯ばさみの挟み力は N，またケント紙とサンドペーパーの摩擦係数 μ は図2.2.9から一定値に収斂する傾向があるため，ケント紙 $\mu=0.26$，サンドペーパー

$\mu=0.83$ をとる．

② ケント紙とサンドペーパーの摩擦力の計算

ケント紙の摩擦力 Q_k を求めると
$$Q_k = N \times \mu \times m \times n = N \times 0.26 \times 2 \times 2 = 1.04\text{ N}$$

ここに，m：せん断面数（＝2面せん断），n：ボルト本数（＝2本）．

同様にサンドペーパーの摩擦力 Q_s を求めると
$$Q_s = N \times 0.83 \times 2 \times 2 = 3.32\text{ N}$$

③ 以上の結果を表2.2.2に示す．

5) 考 察

表2.2.2より以下のことがわかる．

① 滑り始めるときの摩擦力の比率 Q_s/Q_k は，実験値と計算値でほぼ同程度の値となっている．これより，同じボルト締付力が作用した場合には，摩擦係数が大きいほど伝達しうる力が大きくなることがわかる．

② 一方，最大荷重は摩擦係数にあまり関係なくほぼ一定である．

以上のことから，高力ボルト接合は母材と添え板の接触表面の状態によって摩擦係数や許容せん断力はかなり異なることが理解される．図2.2.12はいろいろな表面処理を施した場合の摩擦係数の測定値を示している．これより実際の高力ボルト摩擦接合部では短期許容耐力に対応する摩擦係数として $\mu=0.45$ 以上が期待できるので

① グラインダーがけの後，赤錆発生
② ショットブラスト

などが推奨されている．

また，最大耐力は母材の破断で決定する場合摩擦処理に関係なく同一となっている．

表2.2.2 実験結果と計算結果の比較

素材名称	記号	回数	実験値(N) 滑り荷重	実験値(N) 平均値	実験値(N) 最大荷重	摩擦力計算値	滑り荷重(摩擦力) 実験値	滑り荷重(摩擦力) 計算値
ケント紙	Q_k	1	15 049	15 257	111 220	1.04 N	Q_s/Q_k	Q_s/Q_k
ケント紙	Q_k	2	15 465	15 257	120 540	1.04 N	3.53	3.19
サンドペーパー	Q_s	1	54 274	53 796	130 977	3.32 N	3.53	3.19
サンドペーパー	Q_s	2	53 318	53 796	132 888	3.32 N		

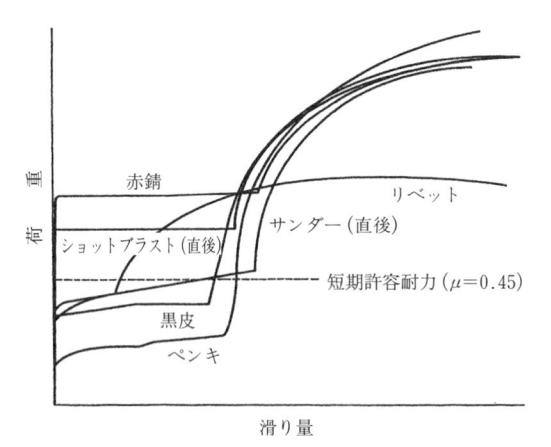

図2.2.12 各種摩擦面をもつ接合部の荷重と滑り量曲線
（日本建築学会編：高力ボルト接合設計施工指針，1993）

(4) ま と め

これまでの実験により以下のことがわかる．

① 高力ボルト摩擦接合部は，接合される面を粗くすることで高い摩擦力を得ることができる．

② 実際の摩擦接合部として赤錆発生面やショットブラスト面などが使用されている．

③ 実際の設計では，接合部に滑りを生じさせないよう滑り耐力を許容耐力として設計する．

2.3 完全溶込溶接と隅肉溶接

(1) 実験の目的

鋼構造では溶接で接合することを溶接継手といい，溶接された部分を溶接継目という．溶接継手を作るために用いられる主な接合形式には，完全溶込溶接と隅肉溶接がある．ここでは，完全溶込溶接と隅肉溶接の模型実験を行い，それを通して溶接接合の原理と仕組みを知ることを目的としている．

(2) 完全溶込溶接の実験

完全溶込溶接は，図2.3.1に示すように接合しようとする鋼材の端部に開先を設けて，これらを一定のルート間隔で突き合わせた溝に溶接金属を溶かし込む方法である．鋼材同士を完全に溶かし込むことで，全種類の応力を母材と同等に負担させることが可能で，溶接された部材を一枚板のようにみなすことができる．

1) 準備するもの
- スチロール板(厚さ5 mmと7 mm)
- カッターナイフ
- 市販のスチロール用接着剤
- ベニヤ板(厚さ3 mm)
- ばねばかり(300 N用)
- 軍手
- 電気ドリル(手動)
- ドリル(口径7 mm)
- ものさし(30 cm)

2) スチロール板の切出し

① スチロール板を図2.3.2のような試験体部分A，Bの2枚と完全溶込溶接C材の形状を描く．

② 描いた試験体部分A，B材の2枚を5 mm厚の板からと完全溶込溶接に模した台形状のC材を7 mm厚の板からカッターナイフで切り取る．溶接金属部は一般に余盛などがあるため，やや厚めの板を使用する．

③ 切り取った試験体A，B材は，実験部分の幅と厚さをものさしで測定し記録する(実測値幅：5×10 mm)．

3) 完全溶込溶接の試験体製作

① 完全溶込溶接の形状にするため，試験体の実験部分A，B材の先端を45°にカットし，台形に切り取った溶込溶接部分C材とA材，B材とを接着剤を用いて図

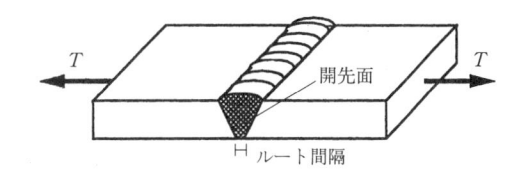

図2.3.1 完全溶込溶接

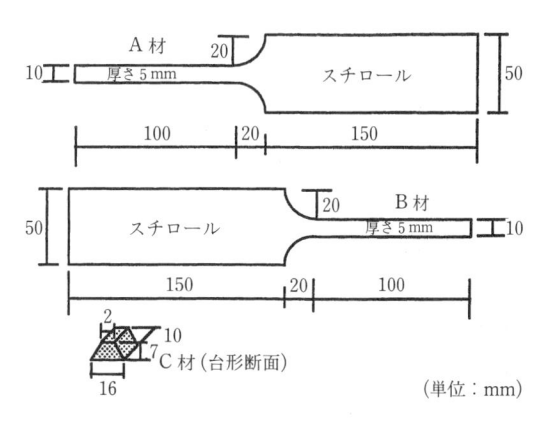

図2.3.2 完全溶込溶接試験体A，B，C材の形状

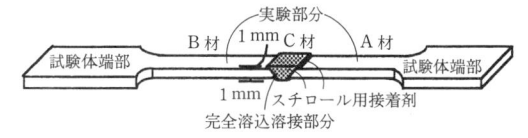

(a) 完全溶込溶接接合状態

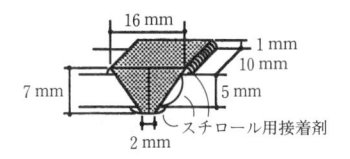

(b) 接合部分詳細図

図2.3.3 完全溶込溶接試験体の形状

2.3.3(a)のように斜め開先部分を貼り合わせる．このとき接着剤が少量だと接着部分で剥がれるおそれがあるので，同図(b)のように余盛りに相当する上下1mmの出張り部分にも接着剤をたっぷりつけること．

② 厚さ3mmのベニヤ板50×100mmを1枚切り出し，図2.3.4のように試験体の一方に貼り付ける．

③ 十分接着剤が乾燥したことを確認した後，電気ドリルを用いてベニヤ板の中央真中に口径7mmの孔をあける（写真2.3.1）．

4) 実験方法

実験は1人ではできないので，原則として2〜3人で行うこと．下記の実験順序は3人で行うとものとして述べる．

① まず，試験体Bのベニヤ板を貼っていないほうを机上におき，1人目の人が手でしっかりと押さえる．

② 2人目の人が試験体Aのベニヤ板の孔にばねばかりの止め金具を差し込む（写真2.3.2）．

③ 次に，静かにばねばかりを引っ張り，破断するまで力を入れて引っ張ってゆく．

④ 3人目の人はそのばねばかりの目盛を注意深く観測し，破断時の荷重を読み取る．

⑤ 以上のように行った結果，写真2.3.3に示すように200Nで母材のスチロール部分が破断した．

5) 考　察

以上の実験結果から，完全溶込溶接は母材の引張力に比べ溶接部分の引張力は同等以上であることがわかる．このことから，完全溶込溶接の許容応力度としては母材の許容応力度を用いてもよいことがわかる．

ばねばかりで実験を行うとき，スチロールの強度が大きいため，試験体の幅は10mm以下で行うことが望ましい．

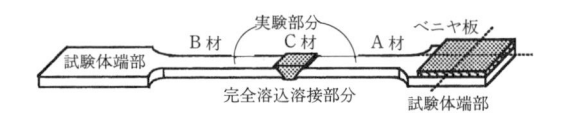

図2.3.4 完全溶込溶接試験体の端部補強

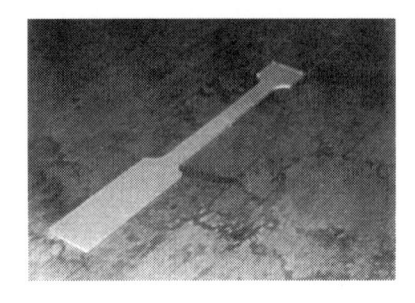

写真2.3.1 完全溶込溶接試験体

写真2.3.2 ばねばかりと試験体の関係

写真2.3.3 溶込溶接実験後の母材破断

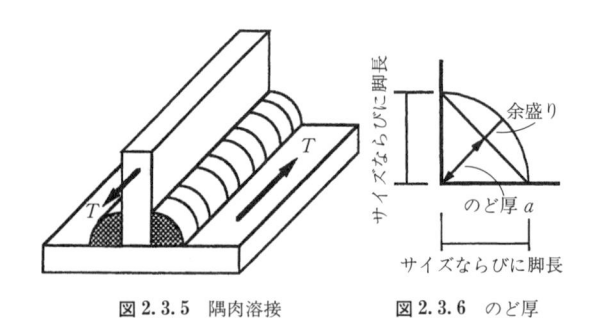

図2.3.5 隅肉溶接　　**図2.3.6** のど厚

(3) 隅肉溶接の実験

隅肉溶接は，図2.3.5のように2枚の鋼材を直角に当てるか，または重ねるかして，母材の端部に開先を設けずに溶接する方法である．隅肉溶接は，主として図2.3.6のようにのど厚部分でせん断応力を負担すると考えられている．

1) **準備するもの**
   - スチロール板(厚さ5 mm)
   - カッターナイフ
   - スチロール用接着材
   - ばねばかり(300 N用)
   - 電気ドリル(手動)
   - ドリル(口径7 mm)
   - ものさし
   - 軍手
   - のこぎり
   - ベニヤ板(3×50×100 mmのもの2枚)

2) **スチロールの切出し**
   ① スチロール板に,図2.3.7のような試験体形状A,Bを2組と,隅肉溶接(三角形断面Cに成形する前の長方形断面5×5 mm)の2種類(長さ20 mmと100 mm)を描く.
   ② 描いた試験体A,B部分2組と隅肉溶接C用長方形断面を長さ20 mmと100 mmにカッターナイフで切り取る.次に,各長方形断面の対角線を切断して三角形断面のC材を製作する.
   ③ 切り取った試験体は,実験部分Aの幅と厚さをものさしで測定し記録する(実測値:5×10 mm).

なお,2組の試験体は隅肉溶接部分が破断する場合(試験体1)と母材が破断する場合(試験体2)である.

3) **隅肉溶接の試験体製作**

隅肉溶接実験は重ね継手方式で行う.そのため,試験体製作は下記の手順で行う.なお,ここでは試験体1の試験体製作について述べ,試験体2については上述とまったく同様に製作できるので省略する.
   ① 試験体B材(50×250 mm)を机上におき,図2.3.8のようにB材の中央に試験体A材(実験部分幅10 mm)を150 mm重ねるようにおく.
   ② 実験部分の両側に隅肉溶接に対応する三角形状で脚長5 mm,溶接長さ10 mmのC材を用意する.
   ③ スチロール用接着剤を用いて,A材の両側で,A材の側面およびB材の上面にC材を貼り合わせて隅肉溶接の試験体を製作する.
   ④ 試験体B材の端部を補強するため,3 mm厚のベニヤ板を貼り付ける.
   ⑤ 次に,十分接着したことを確認して,ベニヤ板の中央真中に電気ドリルで7 mmの孔をあける(写真2.3.4).

なお,試験体2も隅肉溶接長さとして100 mmのものを使用する以外は,①〜⑤の順序で行えば製作できる(写真2.3.5).

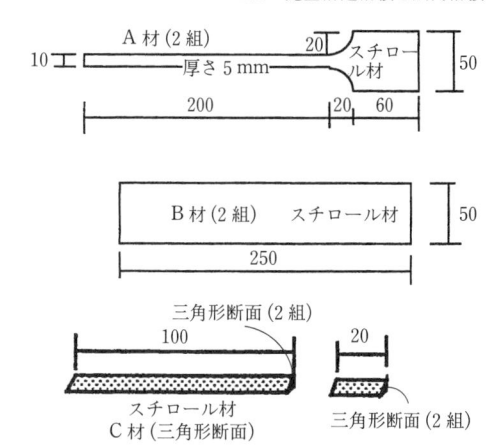

図2.3.7 隅肉溶接試験体A,B,C材の形状

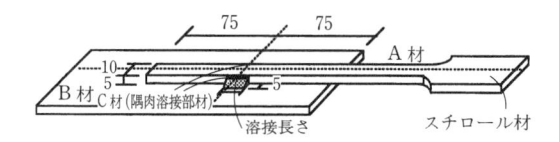

図2.3.8 隅肉溶接の重ね継手

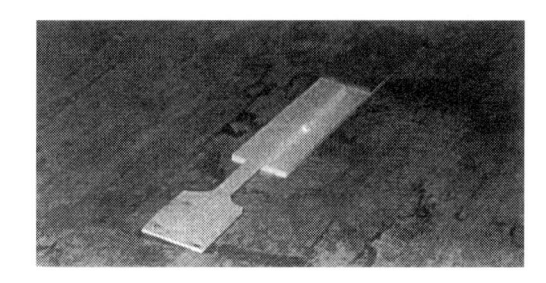

写真2.3.4 隅肉溶接部分が破壊する試験体

4) 実験方法と実験結果

この実験も完全溶込溶接の実験と同様にばねばかりを用いるため，原則として2～3人で行うこと．なお，下記の実験順序は試験体1について述べる．

① まず，A材のベニヤ板を貼っていないほうを机上におき，A材の端部を1人目の人が手でしっかりと押さえる．

② 2人目の人が試験体B材のベニヤ板中央真中の孔にばねばかりの止め金具を差し込む(写真2.3.2).

③ 次に，静かにばねばかりを引っ張り，破断するまで力を入れて引っ張ってゆく．

④ 3人目の人はそのばねばかりの目盛を注意深く観測し，破断時の荷重を読み取る．

⑤ 以上のように行った結果，写真2.3.6に示すように両側の隅肉溶接ののど厚部分が165 Nで破断した．

⑥ 次に，試験体2の実験も①～⑤と同様に行うが，隅肉溶接部分が100 mmと十分補強されているため，母材部分が210 Nで破断した(写真2.3.7).

以上の結果から，隅肉溶接は長さが十分でないとその破壊はのど厚部分で起こることがわかる．しかし，溶接長さが十分に長く母材強度を上まわる場合は溶接部分で破断せず，母材で破断することがわかる．

5) 完全溶込溶接と隅肉溶接の設計方法

① 完全溶込溶接継目は，実験でわかるように母材と同等以上の強さとなるので，母材と同じ条件と方法で設計すればよい．すなわち有効のど厚 a は接合される板の板厚(異なる場合は薄いほうの板厚)をとり，引張，圧縮，せん断力に対する許容応力度は母材と同じ値をとってよい．

② 隅肉溶接継手では，いずれの荷重条件に対しても，図2.3.9のように溶接長さから$2S$(サイズ)を差し引いた有効溶接長さにのど厚 a (図2.3.6)を掛けたのど断面積で

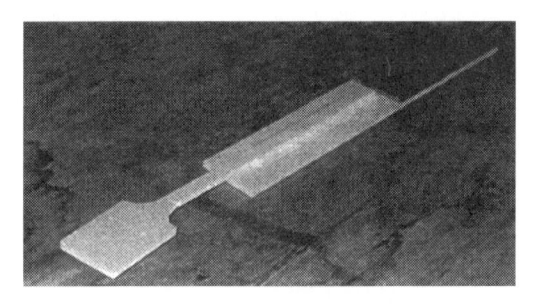

写真2.3.5 母材が破壊する試験体

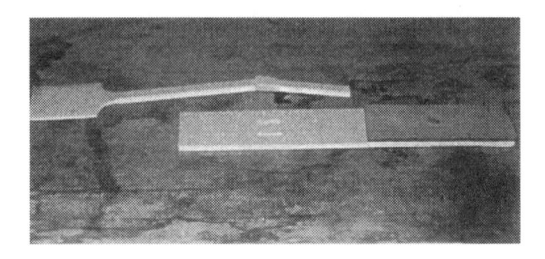

写真2.3.6 隅肉溶接部分が破壊した試験体

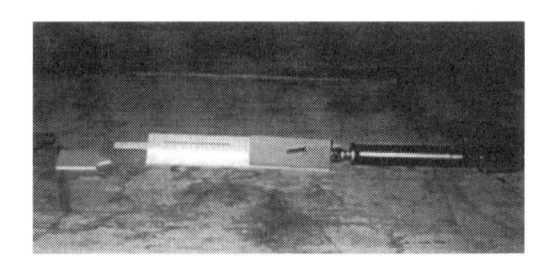

写真2.3.7 母材が破壊した試験体

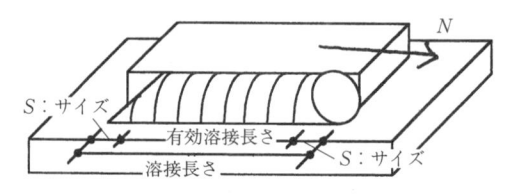

図2.3.9 重ね継手による隅肉溶接の有効長さ

せん断力を負担するものと考える．これは試験体1が隅肉溶接ののど厚部分で破壊した(写真2.3.6)ことからも理解される．すなわち，例えば図2.3.9の場合には次式で検討すればよい．

$$\tau = \frac{N}{\sum a(l-2S)} \leq f_s$$

ここに，l：溶接長さ，$\sum$：各溶接部についての和，f_s：許容せん断応力度．

2.4 ブレース接合部の破壊形式

(1) 実験の目的

鋼構造のブレース材は骨組が力を受けて変形すると，その変形を抑制する方向に軸力を受ける．通常，ブレースはガセットプレートを介して骨組と連結され，その接合には高力ボルト接合が多用される．このような接合部にブレースの軸力が作用しても，通常は破壊が生じないように設計，施工上は十分に考慮されているのが一般的であるが，たまには作用する外力が想定したものより大きすぎたり，設計・施工上の欠陥等がある場合には接合部が破断することもある．もともと，ブレースの高力ボルト接合部はボルト孔による断面欠損があるため，想定以上の地震入力があった場合には，摩擦接合部に滑りが生じた後，接合部で破断が起こることはやむをえない．骨組全体の耐震性を向上させるためには，ブレースが変形をして，ここでエネルギーが十分に吸収されることが肝要である．このためには，接合部が破断する以前にブレースの降伏が先行する必要があり，このような接合法を保有耐力接合と呼んでいる．この保有耐力接合を実現するためには，接合部の破壊の形式および耐力を理解する必要がある．一般に，鋼構造ブレース接合部で高力ボルト摩擦接合部に滑りが生じた後の破断の形式には次のようなものがある．

① ブレース材の破断（通常はブレース材の最弱断面で切れるため，孔位置で破断する）――[実験1]
② ボルトの破断（ボルト本数が少ないか径が小さい場合はボルトが破断）――[実験2]
③ ボルトの縁端が小さい場合はボルトが尻抜け破断する（縁あき破断）――[実験3, 4]
④ ガセットプレートの破断（ガセットプレートの断面が小さい場合や偏心曲げの場合はガセットが破断する）――[実験5]

以上のような破断形式を模型実験で再現してみることにする．模型材料は，製作が簡単で破断しやすいものとして通常のケント紙を使用する．また，ボルトには市販の塩化ビニールのパイプ(ϕ-30)を50 mm程度の長さに切断して使用すると都合がよい．ボルトが破断する破壊形式の場合は弱いボルトを作る必要があるが，発泡スチロールを使用すれば柔らかくて弱いため，これをカッターナイフでϕ-30の円柱状に加工して30 mm程度のボルトにすればこのボルトが切れる．

(2) 実験の概要

1) 準備するもの
・ケント紙(265 kgf)
・カッターナイフ
・コンパスカッター（直径1〜15 cmまで）
・塩化ビニールパイプ(ϕ-30)：3個
・発泡スチロール
・小型の万力（シャコ万）：2丁

2) 模型の製作

最初にケント紙を図2.4.1のようにカッターナイフで切る．基本的な組合せは，ガセットプレートが300×400 mm，ブレース材が120×500 mmとする．破壊形式により1面せん断と2面せん断のケースがあり，ガセットの板幅を変えたもの，および縁あき破断の模型用に縁短距離を短くしたもの等が必要で，これらをまとめて表2.4.1のような試験体を用意する．この模型作製のとき，ボルト孔の円はコンパスカッターで丁寧に切りそろえる．

この接合部の模型を前述した破壊形式に従って表2.4.1のように実験を計画する．

① ブレース軸部での破断は通常の孔のゲー

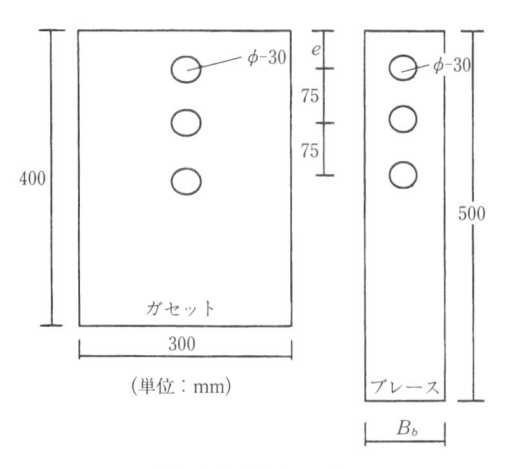

図 2.4.1 接合部の詳細

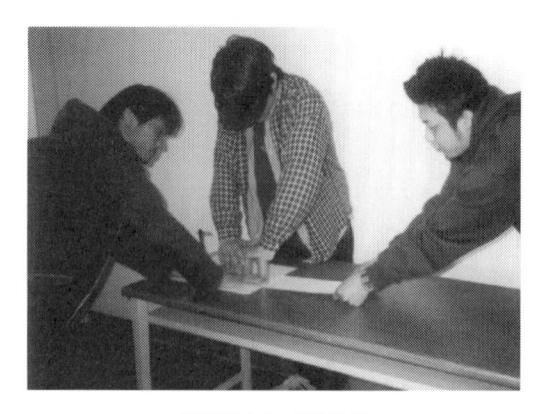

写真 2.4.1 実験風景

表 2.4.1 実験のパラメータ

	B_b (mm)	ブレース e (mm)	ガセット e (mm)	ブレース枚数	ガセット枚数	ボルト種類
実験 1	80	75	75	1	1	塩ビパイプ
実験 2	120	75	75	2	2	発泡スチロール
実験 3	120	45	75	1	2	塩ビパイプ
実験 4	120	75	45	2	1	塩ビパイプ
実験 5	120	75	75	4	1	塩ビパイプ

ジおよびピッチどおりに孔をあけた試験体を使って1面せん断で実験をすれば，ブレース材が孔をくり抜いた分だけ断面積が小さくなり，孔の位置で破断する——［実験1］

② ボルト破断の場合はボルトを弱くしなければならず，塩化ビニールのボルトの代わりに発泡スチロールをボルトとして使用すればここが一番弱くなり，2面せん断で実験すればボルトが破断する——［実験2］

③ ボルトの縁端部ではブレースの縁端距離 e の長さを45と短めにしてブレース材を1枚にして実験すると，ブレースの縁端部が破断して尻抜けが起きる——［実験3］

④ ガセットの e を45と小さくし，ガセットはケント紙1枚とし，ブレースをケント紙2枚の2面せん断とすればガセットプレートが縁あき破断する——［実験4］

⑤ e を75と大きくし，ガセットの枚数を1枚にして，ブレースは2枚用いて2面せん断にして実験するとガセットプレートが破断する——［実験5］

3) 実験方法

実験はすべて人力によって行う．すなわち，ガセットプレートを台に固定して1人がボルトがはずれないように上から軽く押さえて，もう1人がブレースを引っ張って接合部が壊れるまで引張力を加える．このときのガセットプレートの固定方法は金属または木材の板でケント紙を押さえ，小型の万力（通称シャコ万）2～3個で押さえると動かない．シャコ万がない場合は，1～2人で上から押さえれば固定度は十分である．このような状態でブレースを接合部が壊れるまで引っ張ればよい．ここで気をつけなければならないのは，模型はすべて紙であり，これらにちょっとでも隙間があると紙がめくり上げられるような力が加わり，支圧部にひびが入り，支圧部に破壊が先行したかのように縁あ

き破断が生じてしまうケースがあることである．これを避けるには，1人の人が支圧部を軽く押さえるか，または図2.4.1と同じ型板をプラスチック等で作って上から押さえるという方法をとるほうがよい．この実験では，1人の人が支圧部を軽く押さえるという方法で実験を行ってすべての破壊が確認できた．なお，実験中の様子を写真2.4.1に示すが，最低でも3人が必要である．

① ブレース材が破断する場合は通常のガセットプレートとブレースを図2.4.1，表2.4.1の実験1のようにブレースの幅B_bを小さく作る．前述したようにガセットプレートを固定して，ボルトを挿入し1人がこれを押さえてブレースを引っ張れば，孔位置が最小断面となるため，ここでブレースが破断する．通常一番きいているボルトは1列目のボルトで，写真2.4.2でもわかるように，この位置で破断するのが一般的である——[実験1]

② ボルト破断はボルトの材質を弱くする必要がある．このため，ボルトを発泡スチロールで円柱状に加工して，これをボルトとして使用する．この加工は単にカッターで発砲スチロールを円柱状に切るだけであるが，あまり精度を気にすると加工が難しい．ほぼ円柱状になり，孔径より若干小さければそれでよい．このように加工を行った接合部を同様に引っ張ると，写真2.4.3に示すようにボルトがせん断破壊する——[実験2]

③ ブレースの縁端距離eを45 mmと小さくし，ブレースの軸部が破断しないようにブレース材の幅B_bを120 mmと大きくして同様に実験を行うと，写真2.4.4に示すようにブレース材が縁あき破断する——[実験3]

④ ガセットプレートの縁端距離eを前の実験と同様45 mmと小さくし，ガセット

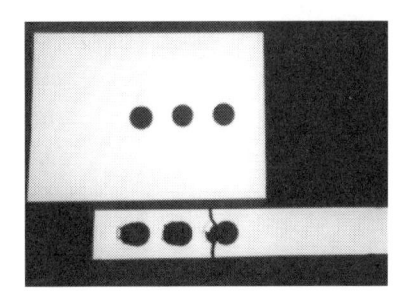

写真 2.4.2 ブレース材の破断 [実験1]

写真 2.4.3 ボルトの破断 [実験2]

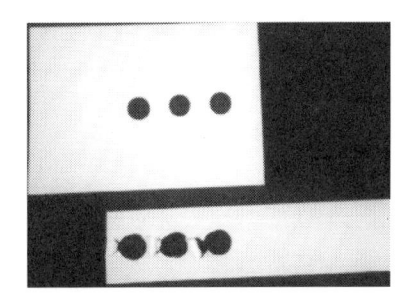

写真 2.4.4 ブレースの端あき破断 [実験3]

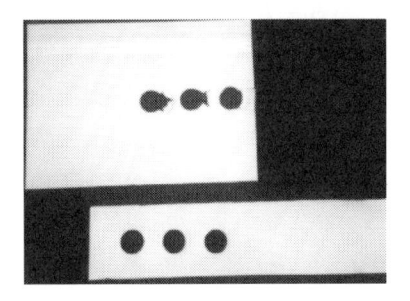

写真 2.4.5 ガセットの端あき破断 [実験4]

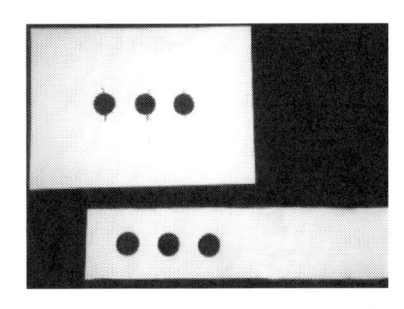

写真 2.4.6 ガセットの引張破壊 [実験5]

プレートをケント紙1枚で作り，この板厚を小さめにし，ブレース材を2枚にして2面せん断とした試験体で同様に実験を行うと，写真2.4.5に示すようにガセットプレートが縁あき破断を起こす──[実験4]

⑤ ガセットプレートが破断するケースは縁端距離が十分な値で縁あき破断が起こらず，なおかつブレース材のほうがガセットプレートより断面が大きい場合になる．このため，縁端距離eを75mmと大きくし，ガセットの断面は1枚にしてブレース材をケント紙4枚で2面せん断とすれば，ガセットプレートがボルト部で写真2.4.6のように引張破壊を起こす──[実験5]

(3) 結果と考察

この実験から，ブレース接合部の破壊形式に基本的に3つのパターンがあるということがわかる．すなわち

① ボルト孔の存在による断面減少によるブレースの破断，このときのブレースの最大耐力は次式で与えられる．

$$F = (B_b - D)t\sigma_b \tag{1}$$

ここに，B_b：ブレース幅，D：ボルト孔径，t：ブレース板厚，σ_b：ブレース引張強さ．

② ボルト孔の縁端距離の不足によるガセットプレートおよびブレースの縁あき破断，このときの最大耐力は次式となる．

$$F = nmet\sigma_b \tag{2}$$

ここに，m, n：高力ボルト配置の行数と列数，e：縁端距離，t, σ_b：ブレースまたはガセットプレートのうち破壊が生じるほうの板厚と引張強さ．

③ ボルトの強度不足または本数の不足によるボルトの破断，このときの接合部の最大耐力は次式となる．

$$F = 0.75 nm A_e F_u \tag{3}$$

ここに，A_e：高力ボルトのせん断力に対する有効断面積．

上記のように3通りの破壊形式があることが確認されたことになる．高力ボルト接合では最終的に接合部が破断することはやむをえないが，ブレースが十分にエネルギー吸収を行うためには，確実にブレースの降伏が起きることが必要である．このため，接合部については保有耐力接合と呼ばれる接合形式を採用している．保有耐力接合とは部材が十分に塑性変形をして，接合部の破壊が先行しないように設計された接合形式を意味する．このため，接合される部材の耐力に割増し係数を掛けて，その係数倍の力まで接合部は破壊しないように設計される必要がある．すなわち，次式に示すように接合部を設計すればよい．

$$F \geq \alpha T \tag{4}$$

ここに，F：接合部の最大耐力，α：割増し係数，T：ブレースの降伏軸力．

式(4)を使って接合部を設計すれば，接合部の早期破壊は避けることができる．

ブレース接合部はブレース軸部が十分に塑性変形しうることが原則であり，このためには縁あき破断やガセットプレートの破断等が早期に生じないようにすることが肝要である．

第3章 骨　　組

3.1　骨組の崩壊形と耐震安全性
3.2　ブレース付き骨組とラーメン骨組
3.3　床の役割とブレースの配置，偏心率
3.4　骨組の粘りと必要保有水平耐力の関係
3.5　ラーメン構造紙模型の製作

第3章　骨　　組

3.1　骨組の崩壊形と耐震安全性

(1)　実験の目的

骨組を設計する場合，一般に梁降伏型全体崩壊骨組を目指すべきであるといわれている．本節では，強柱弱梁(梁降伏型)骨組，弱柱強梁(柱降伏型)骨組を取り上げて実験を行い，その崩壊性状を明らかにする．また，兵庫県南部地震でも骨組倒壊が多数見られた不良溶接を想定した骨組の実験も行い，その挙動を明らかにする．

(2)　骨　組　実　験
1)　準備するもの

- 表紙用の紙(厚さ0.7 mm)
- セロテープ
- イラストボードSS(KMKケント厚さ2 mm)
- スチロール板(厚さ5 mm)
- コピー用紙
- カッターナイフ
- カッティングマット
- 荷重用の文庫本(厚さ約1 cmと1.5 cm)：3冊ずつ
- 木工用ボンド

2)　骨組試験体の製作

ここで取り扱う骨組模型は，実際の建物の柱，梁部材を1枚の薄い板に置換したものをモデルとして用いる．図3.1.1に試験体の概要を示す．試験体は以下の3種類である．材料の組合せを表3.1.1に示す．

① 弱柱強梁骨組WCSB——弱柱として表紙用の紙(厚さ0.7 mm)，強梁としてイラストボードSS(KMKケント厚さ2 mm)を用いる．

② 強柱弱梁骨組SCWB——WCSBの梁を弱くし，梁，柱ともに表紙用の紙を用いたものであるから，WCSBより当然骨組耐力は低い．各節点では同一断面の柱2本

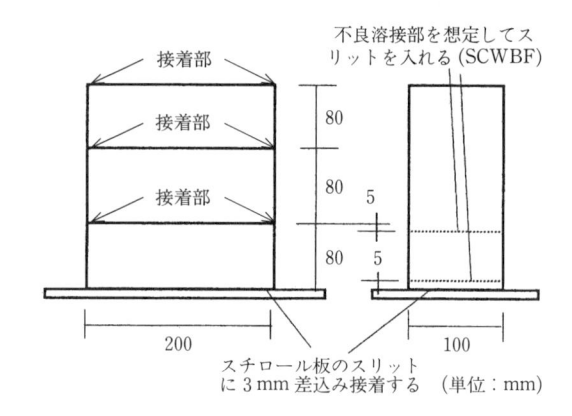

図3.1.1　試験体形状寸法

表3.1.1　柱梁材料の組合せ

試験体	柱	梁
SCWB	表紙用の紙	表紙用の紙
WCSB	表紙用の紙	イラストボード
SCWBF	イラストボード	イラストボード

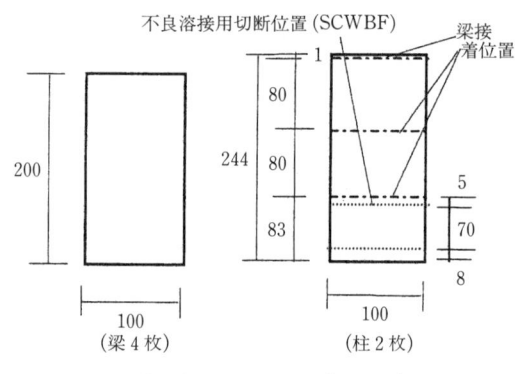

図3.1.2　柱梁パーツ図(1試験体)

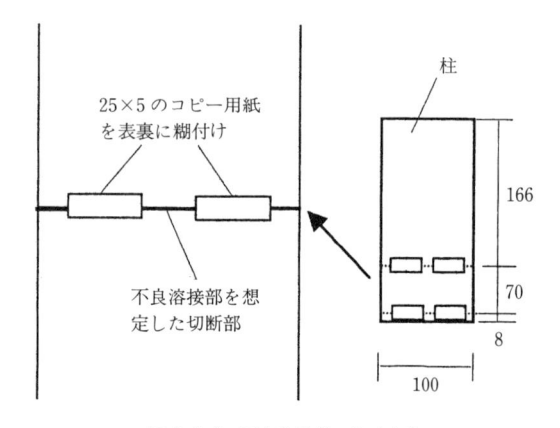

図3.1.3　不良溶接部の作成方法

に梁1本の組合せとなるので，相対的に強柱弱梁となる．

③ 不良溶接想定骨組SCWBF──柱，梁ともにイラストボードSS（KMKケント厚さ2mm）を用いた前の2つより部材耐力の高い強柱弱梁骨組である．ただし，不良溶接を想定して1層の柱上下端にスリットを入れ弱くしたものである．

試験体の製作方法を以下に示す．

① 図3.1.2に示す柱と梁のパーツを切り出す．いずれの柱，梁ともに紙種類と厚さが異なるだけで，切断寸法は同じである．

② ただし，不良溶接を想定した骨組SCWBFの場合は1層柱上下端でいったん切断した後，図3.1.3に示すようにコピー用紙などの薄い紙を2枚ずつ表裏に貼って接合する．

③ 図3.1.4に示す250×400mmのスチロール板を1試験体当り1枚切り出し，1階柱脚位置に柱幅と厚さに相当する寸法のスリットを入れる．

④ 梁と柱の交差位置を木工用ボンドで接合し，骨組を製作する．ボンドは十分に使用して確実に接着する．片方の柱梁交点が完全に接着してから，反対側を接着するほうがよい．その際，柱や梁の間隔を一定に保つように切込みを入れた仮組用紙を使用するとよい（図3.1.5）．

⑤ ボンドが固まったら骨組の柱脚を3mmほど基盤のスリットに挿入して，周辺をボンドで固定する．

⑥ 各階に存在する重量（文庫本）を載せるためのスチロール板100×190mm（図3.1.4）を3枚切り出す．

⑦ 文庫本の移動を止めるための治具を8個製作し，この重量載荷用スチロール板の上に2個ずつ接着して止める（図3.1.6）．その際，移動止めスチロール板の位置は文庫本を実際にセットして，その長さに合わせ

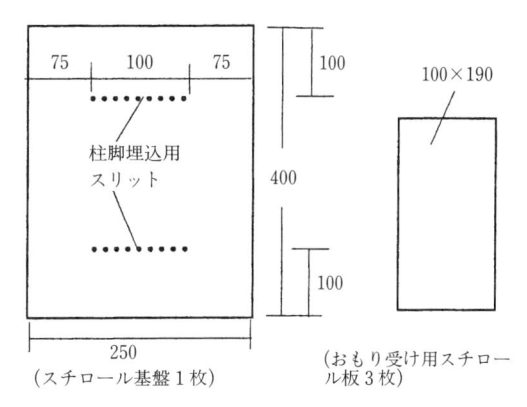

図3.1.4 基盤と荷重用スチロール板パーツ図

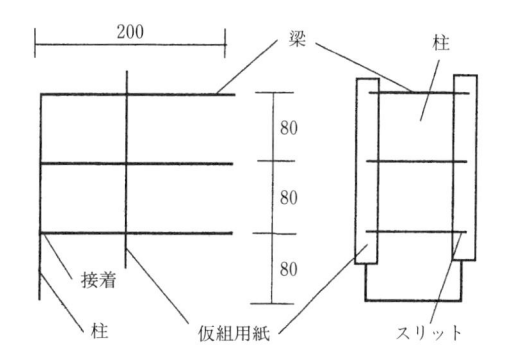

図3.1.5 骨組の仮止め状態

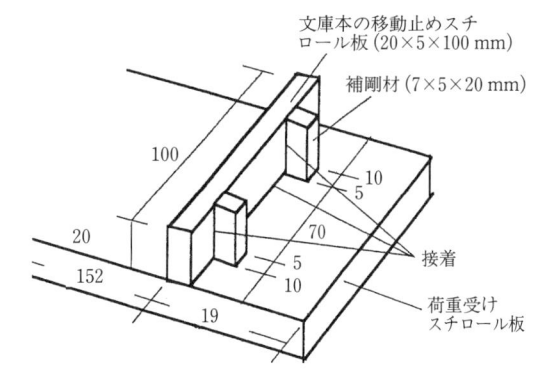

図3.1.6 文庫本の移動止め装置

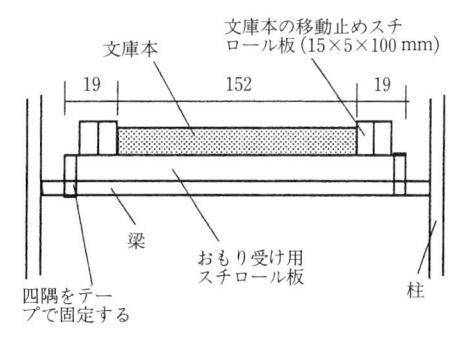

図3.1.7 各階重量の取付け

て決定したほうが実験のときに本が移動しにくくてよい．

3) 骨組試験体の振動実験

まず，試験体各梁の上に文庫本をセットしたスチロール板を載せ，セロテープで端部を動かないように梁に固定する（図3.1.7）．

(i) 自由振動実験

3体の試験体をそれぞれスチロール基盤を止めた状態で軽く頂部を押して急に手を離すと，自由振動する．まず，この固有周期を計測する．すなわち，1秒間に何回往復するかを計測し，その逆数をとる．例えば，2秒間に5回往復すると周期は0.4秒となる．

1cmほどの薄い文庫本（平均130gfであった）を1冊ずつ取り付けた場合と，1.5cmほどの厚い文庫本（平均185gfであった）1冊ずつ取り付けた場合について計測してみる．表3.1.2に計測例を示す．本が重くなる（質量Mが増す）につれて，また骨組の剛性Kが小さくなる（SCWBF→WCSB→SCWB）につれて，振動の周期は長くなることがわかる．

一質点系構造物の固有周期は$T=2\pi\sqrt{M/K}$（M：質量，K：骨組の水平剛性）で表される．多質点系骨組であっても，各層の変形比率が一定の運動に対する固有周期はこれと同じ式となる．上の実験により得られた固有周期の変化は，この式にほぼ対応していることがわかる．

(ii) 崩壊実験

ここでは各階のおもりとして1.5cmくらいの厚い文庫本を用いて，以下の実験を行う．

① 骨組固有周期に比べかなり遅い周期および速い周期で揺らしてみる．構造物はほとんど揺れず，損傷も受けないことを確かめる．

② 骨組の固有周期とほぼ同じ周期で揺らしてみる．すると，骨組はかなり大きく揺れることがわかる．

③ この固有周期で骨組を強く揺らして，各骨組の状態を観察する．すると，3つの試

表3.1.2 骨組の固有周期（秒）

試験体	薄い本	厚い本
SCWB	0.33	0.40
WCSB	0.22	0.29
SCWBF	0.10	0.14

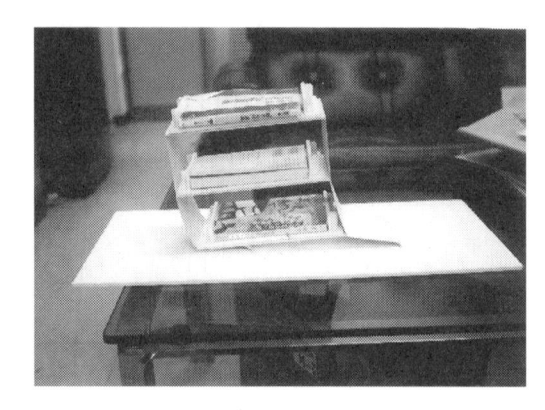

写真3.1.1 層崩壊した骨組

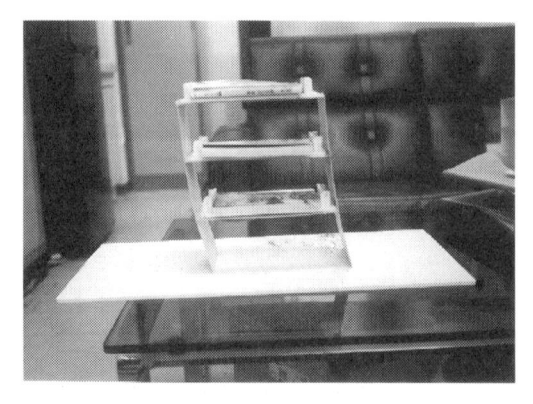

写真3.1.2 梁全体が崩壊した骨組

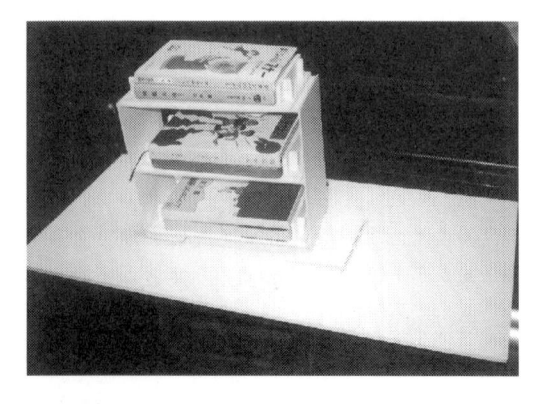

写真3.1.3 不良接合部から1層が倒壊した骨組

験体の中には倒壊するものが出てくる．以下は崩壊実験の結果である．

① 写真3.1.1は，弱柱強梁骨組WCSBの1層が完全に倒壊した状態である．
② 写真3.1.2は，強柱弱梁骨組SCWBが大変形しながらも倒壊していない状態である．試験体製作で述べたように，強柱弱梁骨組SCWBは1層で倒壊した弱柱強梁骨組WCSBに比べて耐力は低いが，倒壊に至らなかったことに注目してほしい．
③ 写真3.1.3は，柱梁ともに頑丈に作った強柱弱梁骨組SCWBFである．不良溶接を想定し1階柱上下端を弱くしたので，柱が破断し，骨組はWCSBと同様1層で完全に倒壊した．

(3) まとめ

これまでの実験でわかったことをまとめて以下に示す．

① 振動する骨組の場合，質量 M を増やしたり，骨組の水平剛性 K を小さくすると，骨組の固有周期は長くなる．
② 建物固有周期と違う周期で構造模型を揺らすと建物の揺れは小さいが，固有周期に合わせて揺らすと大きな揺れになる．これを共振現象といい，骨組は損傷を受けることがある．
③ 柱が弱く梁が強い場合には特定の層の柱上下端のみが塑性変形し（図3.1.8），そこに地震のエネルギーが集中して層崩壊を起こし倒壊に至る可能性がある．これにはピロティ形式（図3.1.9）のように上部構造が一体的で強く，1階が柱のみの場合も含まれる．このため，このような構造形式は設計上なるべく避けたほうが賢明である．やむをえない場合には柱の耐力を増す．
④ 梁が弱く柱が強い場合には，骨組全体の梁端と柱脚に塑性変形（図3.1.10）が生じ

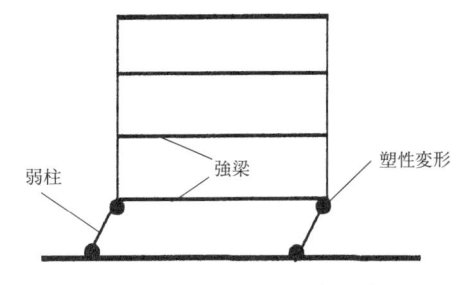

図3.1.8 弱柱強梁骨組の変形状態

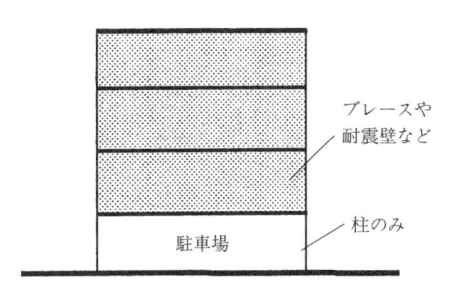

図3.1.9 ピロティ形式骨組

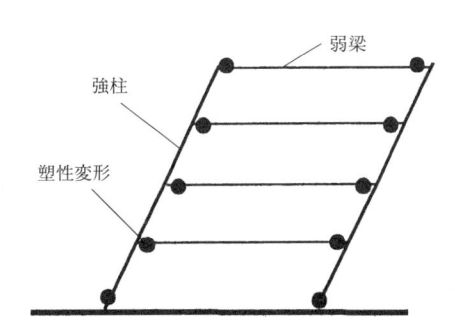

図3.1.10 強柱弱梁骨組の変形状態

ることにより，地震エネルギーを骨組全体で吸収するため倒壊に至る可能性が低い．このため，骨組を設計する場合は強柱弱梁（梁降伏型）骨組を目指すことが推奨される．一般に，強柱弱梁とするためには，柱強度を梁強度の1.3倍以上にする必要があるといわれている．

⑤ 柱の耐力が大きくても柱の溶接接合部が不良であると，そこが破壊して骨組は倒壊に至ることがある．このため，溶接などの施工には細心の注意を払う必要がある．

3.2 ブレース付き骨組とラーメン骨組

(1) 実験の目的

1層1スパンの柱脚固定ラーメンに地震力や風力等の横からの力が作用すると，ラーメンは変形する．鋼構造は強度が大きいため，鉄筋コンクリート構造等のように部材を大きくする必要がなく，このためどうしても剛性が不足することになる．この剛性不足を補うために多用されるのが筋かい（ブレース）と呼ばれる斜材である．鋼構造で最も一般的に使用されている筋かいはラーメンに×の形に組み込まれるタイプのもので，X形筋かいと呼ばれている．この筋かいに断面の小さなアングルや丸鋼等を使用した場合，部材が細長い（細長比が大きい）ため圧縮力を受けると簡単に座屈を起こし，圧縮の軸力にはほとんど抵抗せず，主に引張力で抵抗するため引張筋かいと呼ばれている．これに対して，H形鋼や鋼管類を使用した筋かいは細長比が小さい（太短い）ため，座屈は簡単には起こらず，圧縮軸力に抵抗できるので，圧縮筋かいと呼ばれる．

このような筋かいの軸力に対する抵抗様式と変形性状を模型実験により体験することを目的に，この実験は計画されている．このため，使用する材料は曲げ剛性があまり大きくなく，なおかつ弾性に富むものとしてイラストボードを使うこととした．

(2) 実験の概要
1) 準備するもの
・イラストボード（厚さ1.0 mmと2.5 mm）
・輪ゴム
・止め金具（フック付きねじ）
・コピー用紙
・ボンド
・カッターナイフ
・ばねばかり（500 gfのもの）
・ホッチキス
・糸

2) 模型製作の方法

柱と梁の軸組を製作するため，図3.2.1に示した寸法にイラストボード（2.5 mm）を切って各部材を作る．次に，隅角部の補強材を四隅に入れるために，厚さ1 mmのイラストボードで補強材を作る（補強材は図3.2.1の1辺が30 mmの直角二等辺三角形の部材，1か所に正面と裏に2枚の補強材を入れる）．斜材は厚さ1 mmのイラストボードを長さ425 mmに切りそろえたもの1枚と，2枚をボンドで貼り合わせたもので幅30 mmのものを使い，圧縮ブレースは隅角部にうめ込み式にして，引張ブレースは図のようにフック付きねじを引張方向の隅角部にねじ込んでこれに輪ゴムをかけるものと，コピー用紙を2枚幅10 mmに切って隅角部の補強材へホッチキス止めとした2種類の引張ブレースを用意した．このフレームに図3.2.2に示すように各種のブレースを組み込んで，ばねばかりを用いてフレームに力をかけて，そのときの力と変形を記録して，圧縮および引張筋かいの働きを理解する．

3) 実験方法

加力実験では変形量を測るため，写真3.2.1〜3.2.4および図3.2.2に示すようにラーメンの後ろ側にプラスチックの直線定規を貼り付けておき，ラーメンの片側に糸をかけ，それをばねばかりで引張力を加えると模型が変形する．そのときの力と変形をプロットしていくと，ラーメンおよび筋かいの変形が理解できる．

まず初めに，ラーメンの頂部を手で軽く押してみる．構造体が変形に抵抗する力をもっていることが確認できる．その後，ラーメンだけの力と変形の関係を求める．写真3.2.1に示すよ

3.2 ブレース付き骨組とラーメン骨組

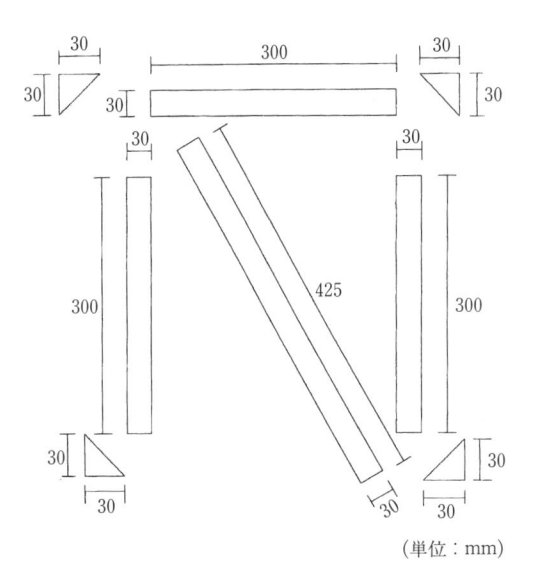

図 3.2.1 ブレース付きラーメンの詳細
（柱・梁は厚さ 2.5 mm のイラストボード，ブレースは厚さ 1 mm のボードとこれを 2 枚貼り合わせたもの，補強材は 1 mm のボードで隅角部に 2 枚ずつ計 8 枚）

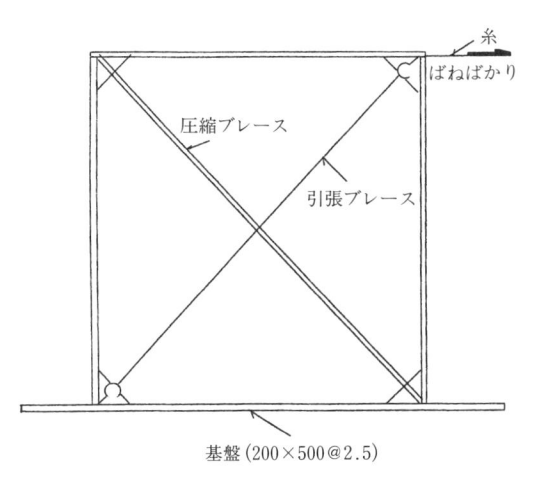

図 3.2.2 実験の概要

写真 3.2.1 ラーメンの載荷実験

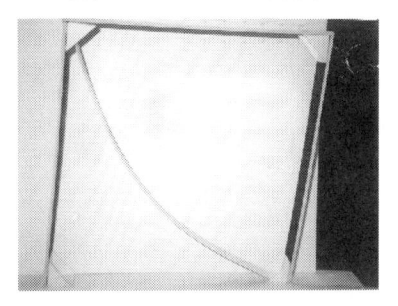

写真 3.2.2 圧縮ブレースの載荷実験

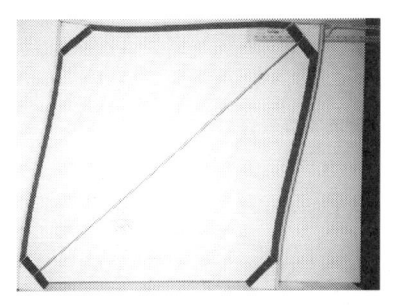

写真 3.2.3 引張ブレース（輪ゴム）の載荷実験

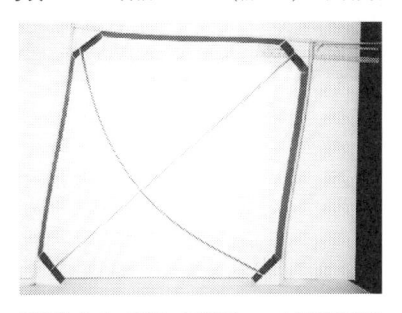

写真 3.2.4 引張・圧縮ブレースの載荷実験

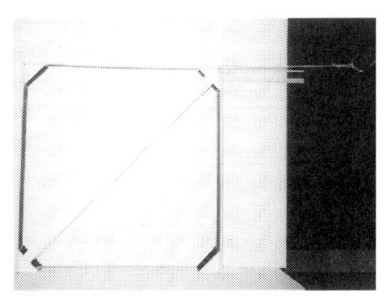

写真 3.2.5 引張ブレース（紙）の載荷実験

うに，ラーメンの片側に糸を取り付け，ばねばかりでゆっくり引っ張ると，ラーメンが変形する．そのときの力をばねばかりから読み，変形を後ろの定規の目盛から読み取り，力と変形の関係をプロットしていくと，ラーメンのみの場合の力と変形の関係が求まる．

その次に，圧縮ブレースの役割とその変形を理解する．写真3.2.2に示すように，ラーメンに剛性の小さな厚さ1mmの圧縮ブレースを組み込んで，ブレース付きラーメンの変形を求めていく．次にブレースの断面を2倍に大きくしていって，同様の実験を繰り返して力と変形の関係を求める．ブレースの断面が大きくなると剛性が上がり，圧縮ブレースの役割がよく理解できる．

引張ブレースの実験のためには変形が比較的容易なように輪ゴムを使用している．この輪ゴムを引っ掛けるためのフック付きねじを両端につけ，輪ゴムの取付けが自由にできるようにした．最終的に写真3.2.3のような形になる．このような準備の後，ばねばかりを使用してフレームに横力を作用させる．まず最初は，引張ブレースに輪ゴムを使ったブレース付き骨組に力を作用させて，このときの力と変形の関係を求める．ブレースの剛性を上げるには輪ゴムの数を増やしていけば，剛性は大きくなる．ただし，輪ゴムの大きさ等は厳密でないため，それほど正確ではないが，定性的な傾向は理解できる．

次に，圧縮と引張りのブレースを同時に組み込んだ骨組の力と変形を求める．この場合のブレースの組合せは，断面積の一番小さい厚さ1mmの圧縮ブレースと輪ゴム3本の引張ブレースの組合せで最初の実験を行い，次に厚さ2mmの圧縮ブレースと輪ゴム3本の組合せで力と変形の関係を求める．引張ブレースが輪ゴムの場合はあまり剛性が上がらないので，もっと剛性のあるブレースとしてコピー用紙（通常の中性紙）を幅10mmに2枚切って，両端を

ホッチキスでラーメンの補強材に止めて，同様の実験を行う．その際，コピー用紙がたるまないよう少し引張り気味にして止めておく．

(3) 結果と考察

以上の実験結果を，表3.2.1，3.2.2と図3.2.3，3.2.4に示している．表3.2.1と図3.2.3がラーメンのみと圧縮ブレースの実験結果を示し，表3.2.2と図3.2.4は引張ブレースおよび圧縮，引張りの両方のブレースを用いた結果を示している．これらの図3.2.3，3.2.4の結果から，次のことがわかる．

① ラーメンのみの実験では，骨組は少しの力でも容易に変形し，剛性が比較的低く，変形能力は大きいことがわかる．

② 圧縮ブレースはラーメンに力がかかって変形すると座屈を起こす．ブレースが座屈を起こすと剛性が減少して，それまで直線的に大きくなっていた力と変形の関係が曲がり出す．ブレースの断面積が大きくなると，この座屈を起こす耐力は上昇する．ブレース単体の座屈耐力は断面二次モーメントに比例するから，この大きさを2倍，3倍と大きくしていくと耐力も線形に上がっていく．この実験では，ブレースの座屈を見せるために柱より小さい断面積のブレースを使用しているが，柱と同断面以上のブレースを使用すると，変形もほとんど起こらないし，座屈はなかなか生じない．

③ 引張ブレースの場合も圧縮ブレースの場合と同じ傾向が出てくる．実験を簡便にするためブレースに輪ゴムを使用しているせいで，これがたわまないよう初期張力を初めに与えねばならず，このためにフレーム全体が逆方向へ若干変形するが，実験には何ら支障はない．この実験でも，輪ゴムの引張ブレースの断面積を大きくしていくと剛性が上がる．

④ 圧縮と引張りの両方のブレースを入れた

表 3.2.1　ラーメンと圧縮ブレースの実験結果

荷重 (gf)	圧縮,引張材なし	圧縮材 1	圧縮材 2
0	0	0	0
50	8	2	1
100	16	5	1
150	21	11	1
200	28	16	1
250	34	22	2
300	42	27	3
350	46	33	5
400	53	39	9
450	60	45	16
500		51	26

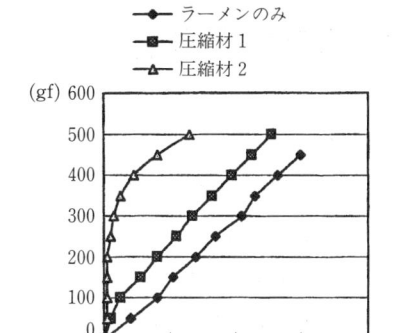

図 3.2.3　ラーメンと圧縮ブレースの実験結果

表 3.2.2　引張・圧縮ブレースの実験結果

荷重 (gf)	引張材 (ゴム)	引張材 (ゴム) +圧縮材 1	引張材 (ゴム) +圧縮材 2	紙
0	0	0	0	0
50	5	0	0	0
100	10	0	0	1
150	16	5	0	1
200	22	9	0	1
250	27	13	0	5
300	33	19	0	
350	38	25	1	
400	44	31	2	
450	50	36	9	
500	59	41	13	

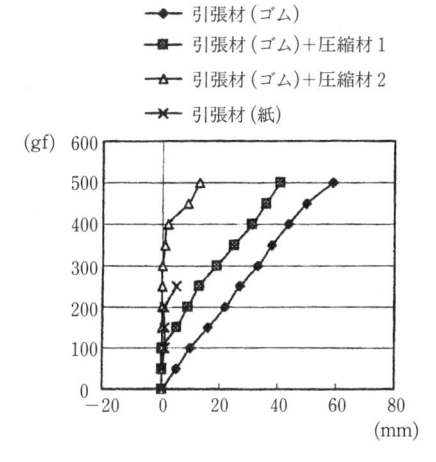

図 3.2.4　引張・圧縮ブレースの実験結果

場合，その剛性や耐力は両方のそれぞれを足し合わせた和にほぼ等しくなる．すなわち，この両方のブレースをラーメンに組み込むと変形は非常に小さくなってくる．しかし，圧縮のブレースが座屈を生じると剛性が急激に小さくなるのは，圧縮ブレースの結果と同様である．

3.3 床の役割とブレースの配置，偏心率

(1) 実験の目的

地震によって建物が揺れると慣性力が生じるために，建物全体に地震力が作用し，骨組の各構面がそれぞれ水平力を分担しながら抵抗する．床は，骨組の各構面を連結し，建物全体を一体としてまとめる役割がある．床が剛であれば建物全体が一体となって揺れるので，ねじり抵抗が生まれる．もしも床が柔であったり存在しなければ，平面形状が変化してしまい，建物全体のねじり抵抗が期待できなくなる．また，剛な床であってもブレースの配置が悪いと，建物全体が大きなねじりを伴って揺れることがある．ねじり振動によって抵抗力の弱い外周部の構面には過大な変形が生じるので，その構面の部材が損傷を受けやすくなる．

水平荷重を受ける骨組模型の実験(写真3.3.1)を通して，床の役割とブレースの配置によるねじり抵抗の様子を目で確かめ，偏心率について理解を深めることを目的とする．

(2) 準備するもの

- 白木集成材(土台用 12×150×600 mm)：2枚
- 正方形木材(柱用 3×3×600 mm)：4本
- 長方形木材(梁用 2×5×600 mm)：6本
- 円形木材(レール用 4φ×600 mm)：2本
- 戸車(18φ)：4個
- スチレンボード(床用 175×175×2 mm)：3枚
- 箸(はし)(長さ 240 mm 程度のもの)：1本
- 紙粘土(1 kg のもの)：2個
- 接着剤(木，紙用セメダイン)：20 cc
- 紙(ガセットプレート用厚手用紙)，(ブレース用普通用紙)
- たこ糸：1 m
- ゼムクリップ：1個

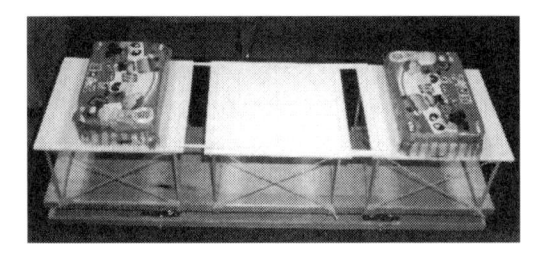

写真 3.3.1 骨組模型の実験

表 3.3.1 骨組模型の種類

	荷重方向の構面	荷重方向の直交構面
骨組1	片側ブレース付き	両面ブレースなし
骨組2	両面ブレース付き	両面ブレースなし
骨組3	片側ブレース付き	両面ブレース付き

- セロテープ(18 mm 幅)
- 両面テープ(15 mm 幅)
- カッターナイフ
- カッティングマット
- はさみ
- きり
- 金槌
- 曲尺(かねじゃく)(L 形尺)
- 直定規
- コイルばねばかり(10 kgf)

なお，この実験では表3.3.1に示すようにブレースの配置の異なる3つの骨組模型を使って実験するので，3個の骨組を製作することにする．

(3) 模型製作の手順

写真3.3.1に示す骨組模型を，図3.3.1の模型製作図を参考に次の手順で製作する．

① 柱用角材を横に4本並べセロテープで固定する．長さを115 mm ごとに曲尺(写真3.3.2)を用いてカッターナイフで3骨組分(12本)を切り取る．

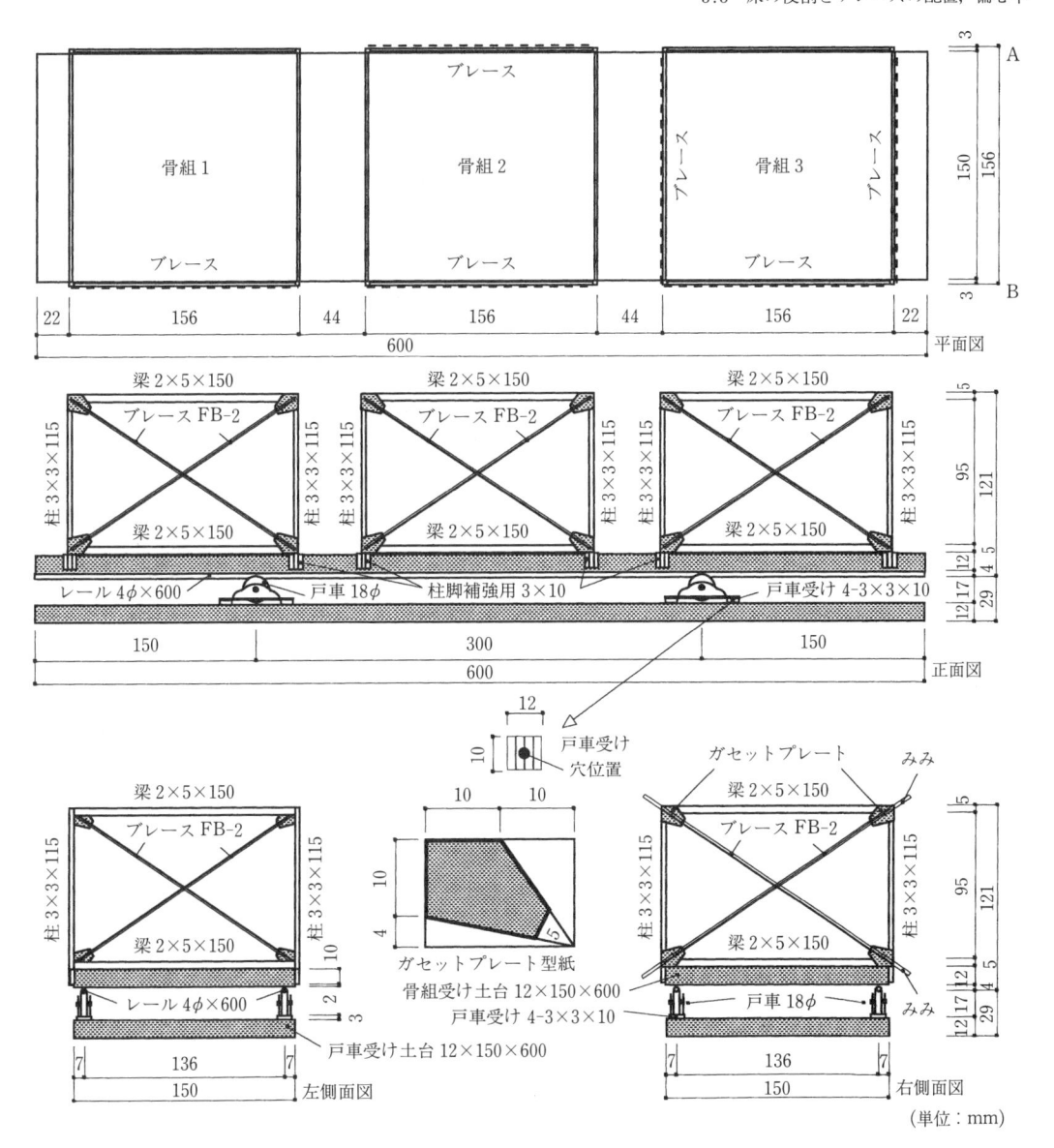

3.3 床の役割とブレースの配置，偏心率

図 3.3.1 模型製作図

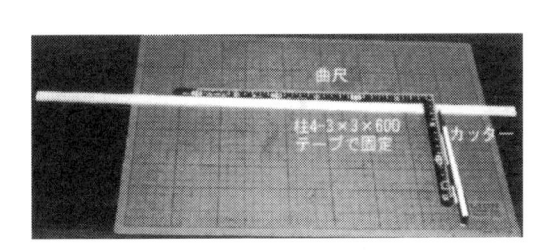

写真 3.3.2 柱用角材の切取り

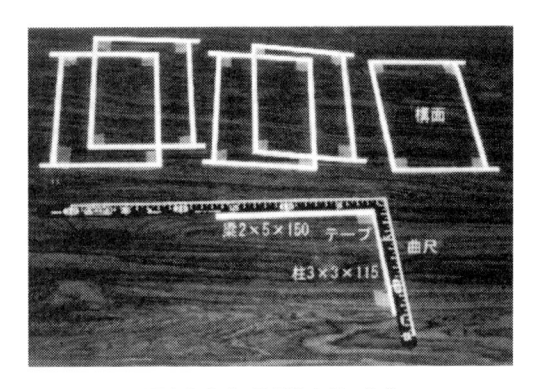

写真 3.3.3 柱梁接合部の接着

第3章 骨組

② 柱脚補強用の角材を柱切断後の残りから長さを10 mmごとに6組（24個）カッターナイフで切り取る．

③ 梁用角材を横に3本（15 mm幅）並べセロテープで固定する．長さを150 mmごとに曲尺を用いて，写真3.3.2のようにカッターナイフで3骨組分の12本を切り取る．同様にして，3骨組分の残り12本を切り取る．

④ 柱2本と梁2本の接合部をセメダインで接着し6構面を製作する．写真3.3.3のように接合部をセロテープで固定しながら曲尺に合わせて接着するとよい．

⑤ 骨組受け土台用の集成材にレール2本をセメダインで接着する．写真3.3.4のようにあらかじめセロテープでレールを仮止めしておくとよい．

⑥ 戸車受けを柱切断後の残りから長さ10 mmごとに8組（32個）カッターナイフで切り取る．4個をセメダインで接着し，セロテープで固定しておく（図3.3.1）．

⑦ 立体骨組を製作するために梁材4本を④の要領で2つの構面同士をつなぐように接着する（写真3.3.5）．

⑧ 土台の側面にセメダインを塗っておき，土台をまたぐように立体骨組を取り付ける．土台側面に接着する構面には④で先に製作した接合部が完全に接着しているほうの構面を用いると組み立てやすい．曲尺を用いて柱の垂直を確認しながら調整する．同様に残り2つの立体骨組を製作する．続いて，②で用意した柱脚補強用の角材を柱の両側に添えて土台側面にセメダインで接着する（図3.3.1）．

⑨ 土台の戸車を取り付ける位置にきりで1か所ずつ孔をあけ，釘（長さ15 mm）を打ちやすくしておく．⑥で用意した接着済み角材4本の戸車受けも1か所ずつきりであけておく．所定の位置に戸車を4個釘で止

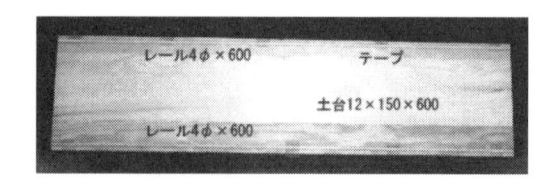

写真3.3.4 レールの接着

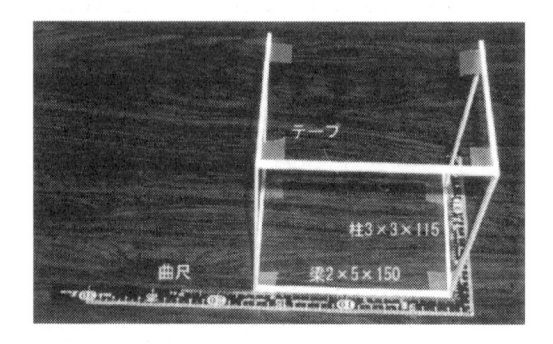

写真3.3.5 2構面と梁の接着

写真3.3.6 骨組模型の外観

写真3.3.7 骨組2の中央載荷状況

める（図3.3.1）．

⑩ ブレース取付け用のガセットプレートを厚手の紙から切り取る．カッターナイフで14 mm幅の帯状に切り取り両面テープを貼っておき，20 mmごとに24個をはさみで切り取る．型紙用のガセットプレートを

図 3.3.1 に示す形状にはさみで切っておき，順次型紙に合わせてはさみで切り取っていくとよい．

⑪ 骨組の所定の場所にガセットプレートを貼り付ける（図 3.3.1）．

⑫ ブレースを普通用紙から，みみを残して短冊状に 2 mm 幅にカッターナイフで切り取る．その際に，切断する前にガセットプレートと接合する位置に両面テープを貼っておく．構面の対角線上にブレースのみみを引っ張りながらガセットプレートに貼り付ける（図 3.3.1）．完成模型を写真 3.3.6 に示す．

⑬ 写真 3.3.7 のように載荷する各骨組の後ろから糸を引っかけ，糸の両端を骨組の幅に合わせて箸（はし）に結びつける．箸の中央にも糸を結び左右に移動できるようにする．中央の糸の端にはゼムクリップをつけ，コイルばねばかりのフックを引っかけやすくする．また，写真 3.3.8 のように隣りの骨組の上に厚手用紙でつくったスケールを両面テープで固定し，骨組の変形を読み取ることにする．

(4) 床の役割について知る（静的実験）

骨組の後ろから頂部に載荷用の糸を引っかけて，まず建物の重心位置（平面中央）を作用線が通るように箸中央の糸をコイルばねばかりで水平方向に静的に引っ張って中央載荷（重心載荷）を行う．このとき，水平荷重 P を各骨組ともに構面 A と構面 B がそれぞれ $P/2$ ずつ分担することになる．次に構面 A と構面 B の頂部の水平移動量が同じになる位置（剛心）を調べるために，箸中央の糸をずらして載荷位置を変化させて水平方向に剛心載荷を行う．

1) 屋根に床がない場合

各骨組を中央載荷したときに，屋根面が菱形に変形するかどうか，その様子を頂部の水平移動量から観察する．

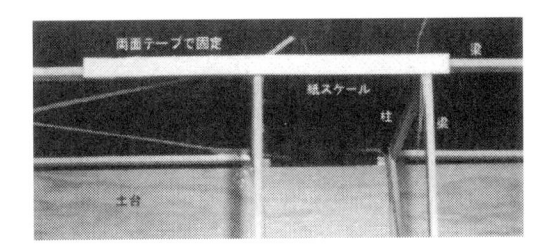

写真 3.3.8 構面頂部の紙スケール

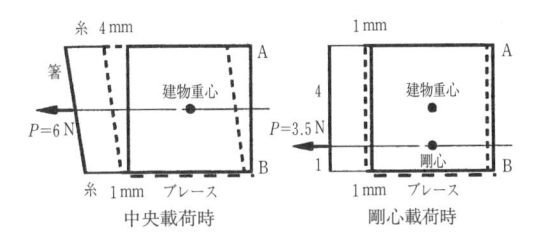

図 3.3.2 骨組 1 の載荷状態と変形

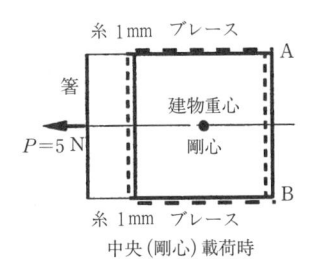

図 3.3.3 骨組 2 の載荷状態と変形

［骨組 1］

図 3.3.2 に示すように中央載荷では，ブレースなし構面 A：4 mm，ブレース付き構面 B：1 mm の水平移動量，水平荷重 $P=6$ N であった．内分 1：4 での剛心を通る剛心載荷では，構面 A，B ともに水平移動量 1 mm で水平荷重 $P=3.5$ N であった．

中央載荷時では，屋根面が菱形に変形することが観察される．

［骨組 2］

図 3.3.3 に示すように中央載荷では，ブレース付き構面 A，B ともに 1 mm の水平移動量，水平荷重 $P=5$ N であった．建物重心を通る中央載荷が剛心を通る載荷状態（剛心載荷）と一致していることがわかる．

屋根面が元の正方形のまま水平移動するこ

とが観察される．

[骨組3]

図3.3.4に示すように中央載荷ではブレースなし構面A：4mm，ブレース付き構面B：1mmの水平移動量，水平荷重$P=5$Nであった．内分1：4での剛心を通る剛心載荷では，構面A，Bともに水平移動量1mmで水平荷重$P=3$Nであった．

中央載荷時に屋根面が菱形に変形することが観察される．

中央載荷時では骨組3の結果が骨組1と同じように得られ，直交ブレースの効果が現れないことがわかる．これは，屋根面が平行四辺形に変形するので，直交方向に水平移動しないために直交ブレースの抵抗力が生じないことによる．

[考察]

屋根面に床がないと片側にブレースを配置した骨組1および骨組3の屋根面は，ねじりを伴わないで菱形に変形してしまう．よって，直交ブレースを配置しても骨組3にはねじりによる抵抗力が生まれず直交ブレースの効果がないことがわかる．

屋根に床がない場合の骨組の載荷実験から，ブレースなし構面の水平剛性は$k_0=0.6〜0.7$ N/mmで，ブレース付き構面の水平剛性は$k_B=2.4〜2.8$ N/mmであった．$c=k_B/k_0=4$になる．

2) 屋根に床が緊結されている場合

床用スチレンボードを175mm角にカッターナイフで切り取り，両面テープを外周に沿って貼り付ける．そして床として各骨組に貼り付ける．

屋根が剛体的に回転しながら水平に移動するかどうか，その様子を観察する．また，水平移動量から偏心率を求める．

[骨組1]

図3.3.5に示すように中央載荷では，ブレースなし構面A：2mm，ブレース付き構面B：

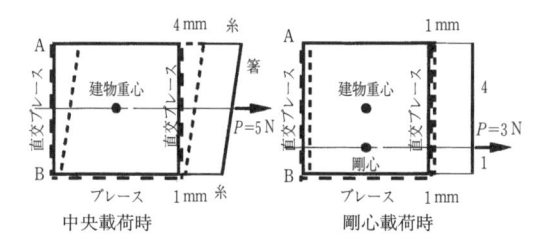

図3.3.4 骨組3の載荷状態と変形

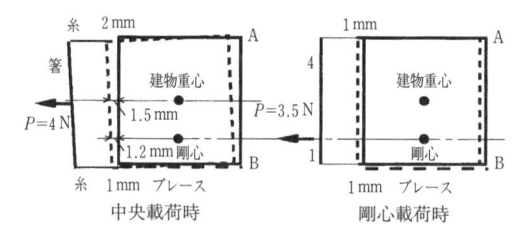

図3.3.5 骨組1の載荷状態と変形

1mmの水平移動量，水平荷重$P=4$Nであった．内分1：4の剛心載荷では屋根面が回転しないで剛体的に移動する状態になるので，構面A，Bともに水平移動量1mmで水平荷重$P=3.5$Nであった．

中央載荷時に屋根面が剛体的に回転していることが観察される．

剛心載荷時ではねじりが生じないため，屋根に床のない場合と同じ水平荷重の結果になることが確かめられる．

中央載荷時において屋根に床のない場合（図3.3.2）の水平変位を$P=6$Nから4Nとしたときに換算すれば，構面Aでは4mm×2/3＝2.7mm，構面Bでは1mm×2/3＝0.7mmの水平移動量になる．これらの換算値と図3.3.5の骨組1の中央載荷時とを比較すると，床が緊結されていると水平移動量が構面Aで0.7mm小さく，構面Bで0.3mm大きくなり，床の役割が発揮されていることがわかる．これは，屋根面が剛体的に回転し直交する構面（ラーメン骨組）も互いに反対向きに0.5mmの水平移動量を生じねじりに抵抗しているためである．

図3.3.5より中央載荷時の水平移動量は，建

物重心で 1.5 mm，剛心で 1.2 mm と求められる．つまり，剛心の水平変位 $u_G=1.2$ mm で，回転による重心の相対変位 $u_R=1.5-1.2=0.3$ mm となるので，偏心率は次のように計算できる．

$$R_e=\sqrt{u_R/u_G}=\sqrt{0.3/1.2}=0.50 \quad (1)$$

[骨組2]

図 3.3.6 に示すように中央載荷では，ブレース付き構面 A，B ともに 1 mm の水平移動量で水平荷重 $P=5$ N であった．屋根に床を緊結しても剛心と建物重心が一致し，ねじれないので，屋根に床のない場合と同じ結果になっていることが確かめられる．偏心がないので $u_R=0$ から，偏心率は $R_e=0$ である．

[骨組3]

図 3.3.7 に示すように中央載荷では，ブレースなし構面 A：1.5 mm，ブレース付き構面 B：1 mm の水平移動量，水平荷重 $P=4$ N であった．このとき，屋根面が剛体的に回転していることが観察される．

剛心載荷では屋根に床のない場合に得られた内分 1：4 での剛心を通るように載荷する．構面 A，B ともに水平移動量 1 mm で水平荷重 $P=3$ N であった．このとき，屋根に床のない場合の水平荷重の結果（図 3.3.4）と同じであることが確認でき，また骨組1と骨組3の結果でも差がないことがわかる．これは，屋根面にねじりが起こらない状態である剛心載荷では直交ブレース構面が水平移動しないので，直交ブレース構面のねじり抵抗力が生まれてこず，直交ブレース構面の違いによる影響が現れないためである．

中央載荷時において骨組1と骨組3の構面Aの水平移動量を比較すると，屋根に床のない場合では骨組1（$P=6$ N）と骨組3（$P=5$ N）の結果が 4 mm と同じであった．しかし，屋根を床で緊結した場合では骨組3（$P=4$ N）の結果が 1.5 mm で骨組1（$P=4$ N）の結果 2 mm より小さい水平移動量になっていることがわか

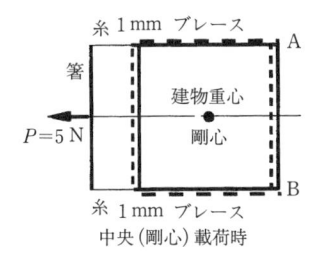

図 3.3.6 骨組2の載荷状態と変形

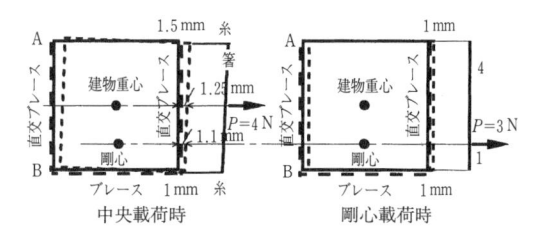

図 3.3.7 骨組3の載荷状態と変形

る．これは，屋根面が剛体的に回転すると，直交する構面が互いに反対向きに水平移動しねじりに抵抗するが，骨組3ではその直交ブレース構面の水平剛性が高いので，互いに反対向きの大きな水平力を生じ，大きなねじり抵抗力が生まれているためである．

中央載荷時の水平移動量は建物重心で 1.25 mm，剛心で 1.1 mm として求められる．つまり，剛心の相対変位 $u_G=1.1$ mm で，回転による重心の相対変位 $u_R=1.25-1.1=0.15$ mm となるので，偏心率は次のように計算できる．

$$R_e=\sqrt{u_R/u_G}=\sqrt{0.15/1.1}=0.37 \quad (2)$$

[考察]

屋根に床を緊結すると，片側構面 B にブレースを配置した骨組1と骨組3の屋根面は剛体的に回転するので，直交する構面によるねじり抵抗力が生まれブレースなし構面 A の水平移動量を小さくすることができる．特に，骨組1に比べ骨組3の偏心率が小さくなっている．これは直交ブレースの配置によりねじり抵抗が増大し，の偏心率が低減されたものである．つまり，床を緊結することによって骨組にはねじりを伴う結果，直交ブレースの効果を発揮することができる．

(5) ねじり振動について知る（振動実験）

偏心率の大きい片側ブレース付き骨組1と骨組3のねじり振動について調べるために，写真3.3.1に示すような模型により振動実験を次の手順で行う．

① 屋根に床を緊結した骨組付き土台を戸車付き土台の上にレールを合わせながら載せる．これにより，骨組付き土台を長手方向に揺すっても土台がねじれないようになる．

② 骨組1と骨組3に地震力としての慣性力が生じるように骨組の中央に重心がくるように紙粘土をおもり（質量）として載せ，振動時に屋根面とずれないように両面テープで紙粘土を固定する．

③ 骨組1と骨組3のねじり振動を見るために，構面Aと構面Bでの屋根面の相対変位を観察することにする．

偏心率が0でねじれない中央の骨組2の屋根面は軽くほとんど慣性力が生じないので，屋根面は回転せず土台の揺れと同じになる．

そこで，骨組2の屋根面からそれぞれ構面Aと構面Bに沿って骨組1と骨組3側に紙スケールを伸ばしておくことにする．骨組2側の紙スケールを両面テープで固定する．

④ 戸車付き土台と骨組付き土台を片手で軽く押さえながら，もう一方の手で骨組付き土台を小刻みに揺すってみる．

⑤ すると，おもりの載った骨組1と骨組3の屋根面には慣性力（水平力）が作用するので，屋根面の揺れる様子がスケールの目盛から観察できる．

［骨組1］

ブレース付き構面Bに比べブレースなし構面Aのほうが大きく揺れ，ねじり振動が現れている様子が観察される．

［骨組3］

ブレースなし構面Aとブレース付き構面Bがほぼ同程度に揺れ，ねじり振動がほとんど現れていない様子が観察される．

［考察］

この振動実験から，偏心率が大きい骨組1のほうがねじり振動が大きくなり，ブレースなし構面Aは過大な変形を受けるので，ねじり崩壊に至る危険性が高いことがわかる．

一方，直交ブレースを配置することにより，偏心率の小さくなった骨組3ではねじり振動が抑制され，ブレースなし構面Aの変形を小さくするように改善できることがわかる．

なお，屋根面に床を緊結する代わりに水平ブレースを入れることによっても屋根面を剛にできるので，試してみよう．

(6) 偏心率の計算の仕方

地震力 Q_x は建物重心Oに作用する．建物重心Oが剛心Gと一致すれば，床が水平方向に相対変位 u_G で移動するだけで，ねじりは起こらない．しかし，図3.3.8に示すように建物重心Oと剛心Gがずれていると，さらに剛心まわりに剛な床が回転を起こし，建物全体がねじれる．このとき建物重心Oの相対変位は $u_O = u_G + u_R$ になる．また，偏心距離を e とすれば床の回転角は $\varphi = u_R/e$ で表される．

建物の x, y 方向水平剛性 K_x, K_y は x, y 方向の各構面がそれぞれ単位の相対変位するときに生じる水平抵抗力で，各構面の水平剛性 k_x, k_y の総和になる．つまり

$$K_x = \sum k_x, \qquad K_y = \sum k_y \qquad (3)$$

また，剛心まわりのねじり剛性は，床が単位の回転角 $\varphi = 1.0$ でねじれるときの建物全体の抵抗モーメント K_R である．ここで，座標 (x, y) に位置する x, y 方向の各構面は剛心 (l_x, l_y) からの距離 $y - l_y, x - l_x$ に比例して水平変位し，水平抵抗力 $k_x(y - l_y)\varphi, k_y(x - l_x)\varphi$ が生じることになる．

床が剛心まわりにねじれるとき，作用する水平力の総和は0であるから，x, y方向の建物全体の水平抵抗力の総和が0になる点が剛心になる．つまり，

$$\sum k_x(y-l_y)\varphi = 0, \quad \sum k_y(x-l_x)\varphi = 0 \text{ から}$$

$$l_y = \frac{\sum k_x y}{K_x}, \quad l_x = \frac{\sum k_y x}{K_y} \quad (4)$$

よって，各構面の剛心まわりの抵抗モーメントの総和を求めると，ねじり剛性は$\varphi = 1.0$とすると，次のようになる．

$$K_R = \sum k_x(y-l_y)^2 + \sum k_y(x-l_x)^2 \quad (5)$$

次に，図3.3.8に示すように建物重心Oまわりのモーメントの静的な釣合いから次式が得られる．

$$K_R \varphi = K_x u_G e \quad (6)$$

$\varphi = u_R/e$ より

$$K_R \frac{u_R}{e} = K_x u_G e \quad (7)$$

ねじり抵抗を表す弾力半径を次のようにおけば

$$r_e = \sqrt{\frac{K_R}{K_x}} \quad (8)$$

x方向に関する偏心率は式(7)，(8)より，次のように定義される．

$$R_e = \sqrt{\frac{u_R}{u_G}} = \sqrt{\frac{K_x e^2}{K_R}} = \frac{e}{r_e} \quad (9)$$

偏心率は，建物重心と剛心のずれ（偏心距離）のねじり抵抗（弾力半径）に対する割合で，偏心率が大きいほどねじり変形の影響が大きい．

[骨組模型の偏心率]

図3.3.8に示すように，ブレースなしの構面の水平剛性をk_0，ブレース付き構面の水平剛性を$k_B = ck_0$とする．

重心位置を建物平面の中央とし，模型実験で用いた正方形平面の建物について，偏心率の計算の仕方を説明する．

建物重心座標

$$\left.\begin{array}{l} g_y = \dfrac{L_y}{2} = \dfrac{L_0}{2} \\ g_x = \dfrac{L_x}{2} = \dfrac{L_0}{2} \end{array}\right\} \quad (10)$$

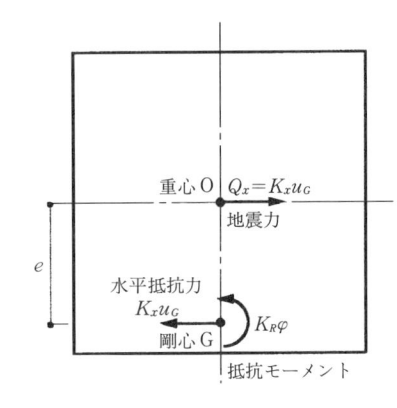

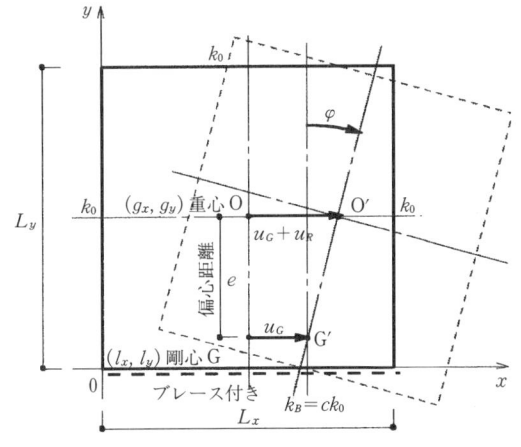

図3.3.8 ねじりを伴う変形と抵抗力

剛心座標

$$l_x = L_x/2 = L_0/2 \quad (11)$$

[骨組1]

x方向水平剛性

$$K_x = (c+1)k_0 \quad (12)$$

剛心座標（式(4)）

$$l_y = \frac{k_0 L_y}{(c+1)k_0} = \frac{L_0}{c+1} \quad (13)$$

剛心まわりのねじり剛性（式(5)）

$$K_R = k_0(L_y - l_y)^2 + ck_0 l_y^2 + k_0(L_x - l_x)^2 + k_0 l_x^2$$

$$= \frac{3c+1}{2(c+1)} k_0 L_0^2 \quad (14)$$

偏心距離

$$e = |l_y - g_y| = \frac{c-1}{2(c+1)} L_0 \quad (15)$$

第3章 骨　組

弾力半径
$$r_e = \sqrt{\frac{K_R}{K_x}} = \frac{L_0}{c+1}\sqrt{\frac{3c+1}{2}} \quad (16)$$

偏心率
$$R_e = \frac{e}{r_e} = \frac{c-1}{\sqrt{2(3c+1)}} \quad (17)$$

骨組模型の静的実験から $c=4$ が得られたので，上式に代入し偏心率を計算すると

$$R_e = \frac{3}{\sqrt{2 \times 13}} = 0.588 \quad (18)$$

になり，実験により相対変位の比として求めた偏心率の結果 $R_e = 0.50$ とよく対応していることが確かめられる．

［骨組2］

重心 O と剛心 G が一致し，偏心距離 $e=0$ から

偏心率
$$R_e = \frac{e}{r_e} = 0 \quad (19)$$

［骨組3］

剛心 G の位置と建物の x 方向水平剛性 K_x および偏心距離 e は，骨組1と同じになる．

剛心まわりのねじり剛性
$$\begin{aligned}K_R &= k_0(L_y - l_y)^2 + ck_0 l_y^2 \\ &\quad + ck_0(L_x - l_x)^2 + ck_0 l_x^2 \\ &= \frac{c(c+3)}{2(c+1)} k_0 L_0^2 \end{aligned} \quad (20)$$

弾力半径
$$r_e = \sqrt{\frac{K_R}{K_x}} = \frac{L_0}{c+1}\sqrt{\frac{c(c+3)}{2}} \quad (21)$$

e は式(15)より

偏心率
$$R_e = \frac{e}{r_e} = \frac{c-1}{\sqrt{2c(c+3)}} \quad (22)$$

上式に実験で得られた $c=4$ を代入すれば，偏心率は次のように計算される．

$$R_e = \frac{3}{\sqrt{2 \times 4 \times 7}} = 0.401 \quad (23)$$

実験から相対変位の比として求めた偏心率の結果，$R_e = 0.37$ とよく対応していることが確かめられる．

(7) ま と め

以上の実験よりわかったことをまとめると，以下のようになる．

① 床を緊結することは骨組のねじり抵抗力を増大させる役割がある．

② 骨組の片側だけにブレースをつけると偏心率が大きくなり，ねじり振動を引き起こす原因になる．

③ 剛性の高い直交ブレースを付加することにより偏心率を小さくするように改善され，ねじり振動を小さく抑えられる．

3.4 骨組の粘りと必要保有水平耐力の関係

(1) 実験の目的

最も単純な構造である1層1スパンの門形フレームを例にとり，まず水平力が与えられたときの荷重-変形関係から骨組の粘りを観察し，次いで骨組の運動エネルギーが与えられたときの変形状態を通して，骨組の粘りと必要保有水平耐力(降伏耐力)との関係を考えてみよう．

実験の目的は，以下の3つの事項を理解することにある．

① 骨組が塑性化する挙動を観察し，その粘り(耐力が低下しない大きな塑性変形)を実感する．

② 動的な外力に対して，骨組の塑性化を許容することによって設計耐力(必要保有水平耐力)を小さく設定しても，倒壊に対して安全で，かつ経済的な設計が可能である．

③ 設計耐力をある一定値以下に小さくすると，動的な外力に対して急激に変形が増大して，骨組は危険な状態になる．

本節では，門形フレーム模型について，復元力特性を求める実験(実験1)と，塑性変形量と保有水平耐力の関係とを求める実験(実験2)，の2種類の実験を行う．

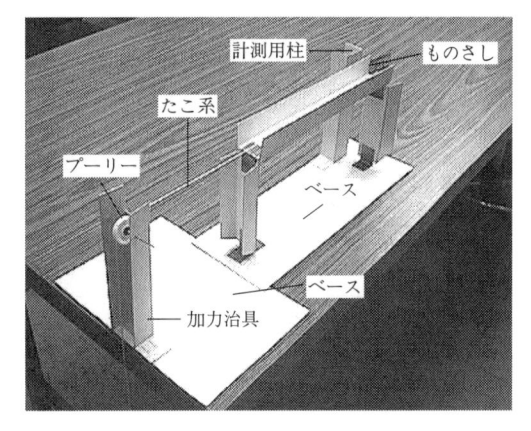

写真3.4.1 実験1の装置概要

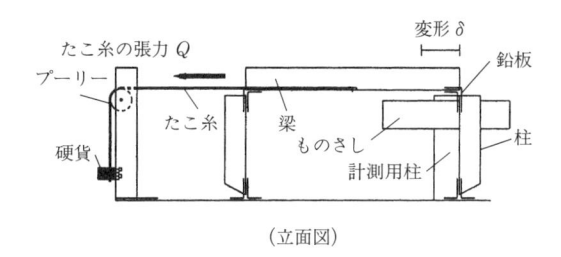

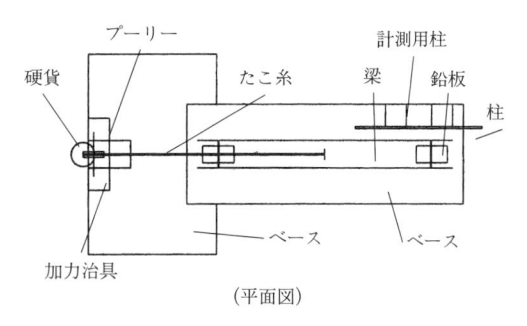

図3.4.1 実験1の装置概要

(2) 復元力特性を求める実験［実験1］
1) 模型の製作

［準備するもの］
- 表紙用厚紙(272×391 mm，B4サイズ)：3枚
- ゼムクリップ：3個
- プーリー(直径20 mm)：1個
- たこ糸(60 cm)：3本
- 釣り用鉛板(第一精工，板おもり厚手)
  (厚さ0.4×幅15 mm)：2個
- 5円硬貨：30枚
- ものさし：3本
- ホッチキス
- カッターナイフ
- ペンチ
- はさみ
- セロテープ
- きり

実験1の装置と模型の概要を写真3.4.1と図3.4.1に，準備する材の寸法を図3.4.2にそれ

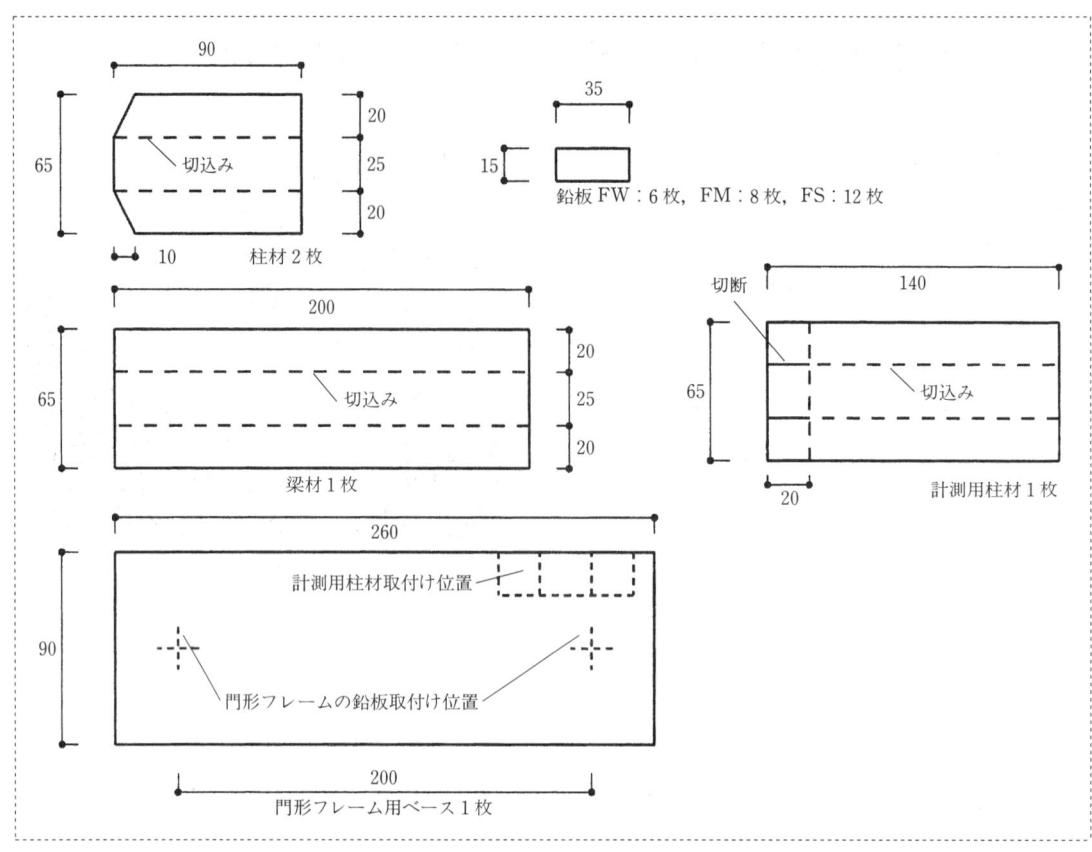

(a) 門形フレーム模型 1 体当りの材料，3 組製作

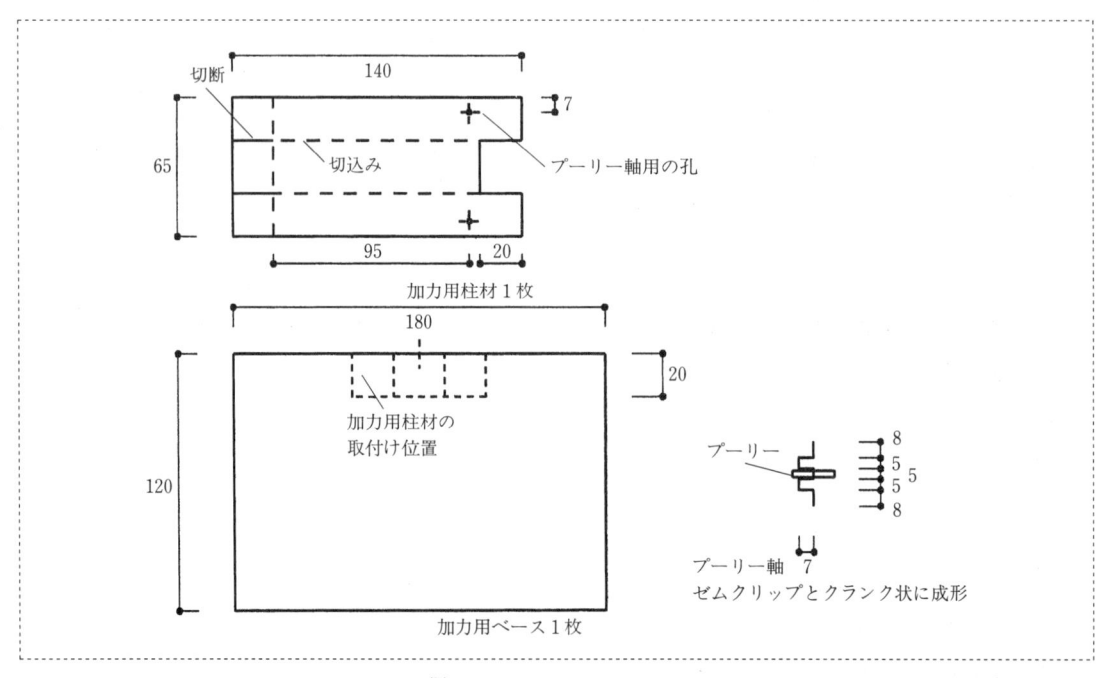

(b) 加力治具の材料，1 組製作

図 3.4.2　準備する材の寸法詳細

3.4 骨組の粘りと必要保有水平耐力の関係

それ示す.

まず，門形フレームを製作する．

鋼構造骨組は，水平力に対して応力が大きくなる梁，柱の端部が塑性化してその降伏耐力が決まる．そこで，製作する門形フレームは，この挙動がよく現れ，かつ耐力が調整できるように梁，柱の端部には釣り用鉛板を用いる．

門形フレームは，用いる鉛板の枚数を変えて，降伏耐力を強・中・弱と3段階に変化させたものを製作する．これを順に，FS, FM, FW と名前をつける．各模型に用いる鉛板の枚数を表3.4.1に整理して示す．

代表的な模型 FM の製作手順を以下に示す．

① 65×90 mm（柱材）を2枚，65×200 mm（梁材），90×260 mm（ベース）を各1枚，厚紙から切り出す．さらに，15×35 mm の鉛板8枚を切り出す．柱材，梁材を写真3.4.2(a)に示すように，5 mm だけ間隔をとって，鉛板2枚で挟み込んでホッチキスで止める．

② 柱材，梁材の両側20 mm の位置に全材長にわたってカッターナイフで薄く切込み線を入れ，チャンネル材状に折り曲げる．梁材端部でこの鉛板を90度折り曲げる（写真3.4.2(b)）．

③ 別の鉛板をL字状に折り曲げ，柱脚部に挟んでホッチキスで止めて，柱の長さが100 mm となるようにする．柱脚間の長さが200 mm となるように，ベースとこの

表3.4.1 門形フレームに用いる鉛板枚数

模型名	鉛板の枚数	
	柱脚部	梁・柱端部
FW	2枚×2か所	1枚×2か所
FM	2枚×2か所	2枚×2か所
FS	3枚×2か所	3枚×2か所
枚数	鉛板の貼り方	
1	内側1枚貼り	
2	内側，外側各1枚貼り	
3	内側1枚，外側2枚貼り	

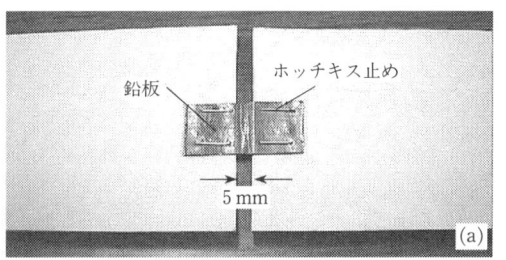

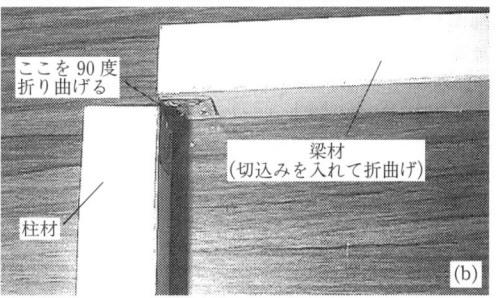

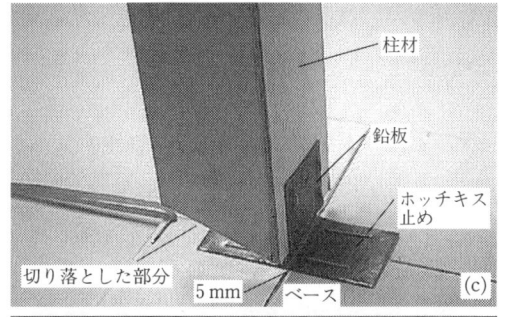

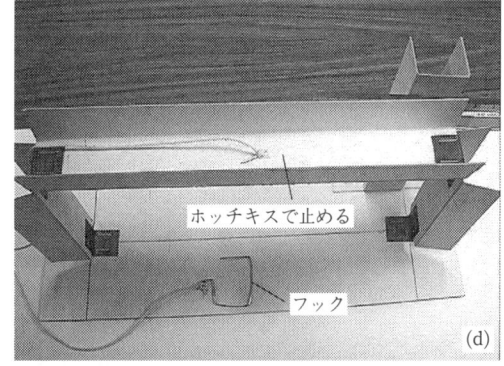

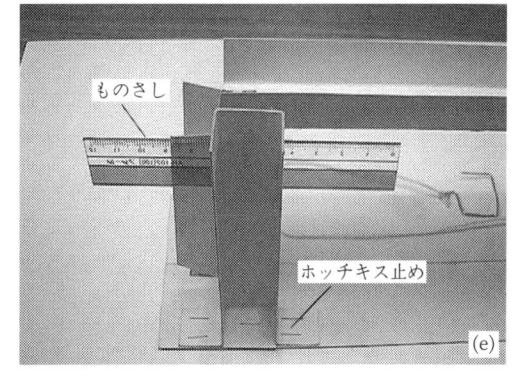

写真3.4.2 門形フレームの製作

鉛板を同様にホッチキスで止める．柱脚がよく回転できるように，柱端部のフランジの角を切り落とす（写真3.4.2(c)）．

④ たこ糸の一端にゼムクリップを取り付け，5円硬貨を釣り下げられるようにフック状に折り曲げる．他端を門形フレームの梁中央部に，ホッチキスで止める（写真3.4.2(d)）．

⑤ 65×140 mm（計測用柱材）1枚を厚紙から切り出し，同様にチャンネル材状に成形する．端部20 mmのフランジとウェブを切り離し，折り曲げて，この部分とベースとを，門形フレームの柱頂部水平変位が計りやすい位置にホッチキスで取り付ける．ものさしを，この計測用柱材にセロテープで固定する（写真3.4.2(e)）．

同様にして，模型FW，FSも製作する．さらに，加力用治具を製作する．

⑥ ゼムクリップをペンチで伸ばし，プーリーを通して，写真3.4.3，図3.4.2に示すようにクランク状に成形する．65×140 mm（加力用柱材）1枚と120×180 mm（ベース）1枚を厚紙から切り出す．加力用柱材を計測用柱材と同様に成形して，ベースの辺中央端部に取り付ける．ベースから95 mmの位置の加力用柱フランジ部に孔をあけ，プーリーを取り付ける．

2） 実験の手順

耐力が異なる3種類の門形フレーム模型FS，FM，FWについて，降伏耐力Q_y，弾性剛性Kおよび降伏変位δ_yを求めてみよう．

① 図3.4.1，写真3.4.1に示すように，たこ糸を加力治具のプーリーに通し，おもり用5円硬貨を1枚ずつゼムクリップに吊るして，計測用柱に取り付けたものさしで，水平変形量δを計る．このとき，加力治具，模型のベースが滑らないように手かおもしで押さえておくとよい（写真3.4.4）．特に，おもりの変化がなくても水平変位が

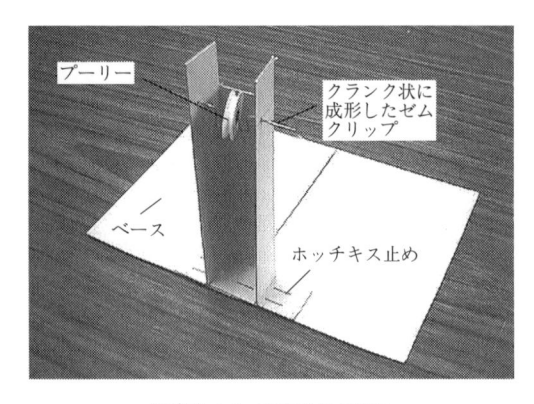

写真3.4.3 加力治具の製作

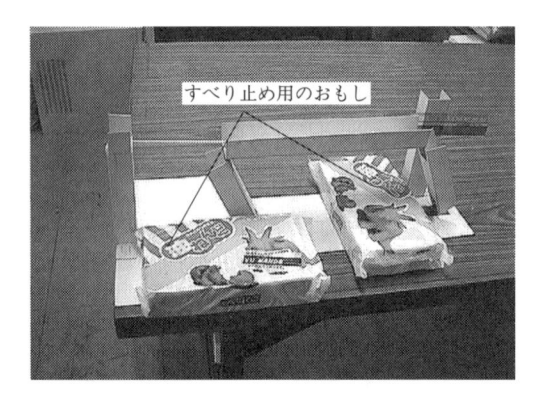

写真3.4.4 復元力特性を求める実験1の風景

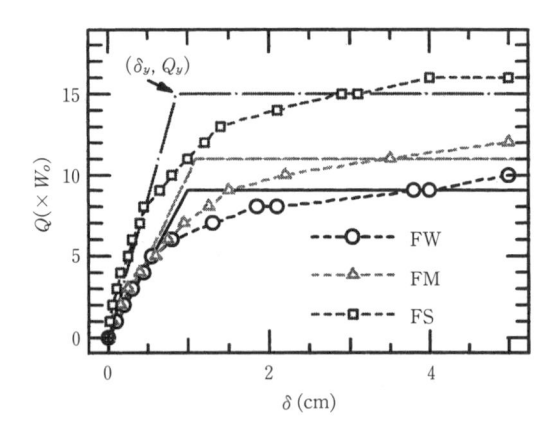

図3.4.3 門形フレームの復元力特性

徐々に増加する荷重値を特に注意して観察されたい．

② ①の結果をもとに，図3.4.3に示すように，荷重−変形関係をグラフに描き，このグラフを参考に，荷重増分に対して大きな変位増分が出る時点の荷重を降伏耐力Q_y

表3.4.2 復元力特性を求める実験1のワークシート例

Q ($\times W_0$) 硬貨枚数	δ (cm)					
	FW	備考	FM	備考	FS	備考
1	0.10	弾性範囲	0.05	弾性範囲	0.00	弾性範囲
2	0.20		0.15		0.05	
3	0.30		0.25		0.10	
4	0.45		0.40		0.15	
5	0.55		0.60		0.25	
6	0.80		0.75		0.30	
7	1.30		0.95		0.40	
8	1.85		1.25		0.45	
9	3.80		1.50		0.65	
10	5.00		2.20		0.80	
11		塑性流れの発生	3.50		1.00	
12			5.00		1.20	
13				塑性流れの発生	1.40	
14					2.10	
15					3.10	塑性流れの発生
16					5.00	
Q_y	0.330 N ($=9\times W_0$)		0.404 N ($=11\times W_0$)		0.551 N ($=15\times W_0$)	
K	0.327 N/cm ($=4\times W_0/0.45$)		0.368 N/cm ($=4\times W_0/0.40$)		0.643 N/cm ($=7\times W_0/0.40$)	
δ_y	1.00 cm ($=Q_y/K$)		1.10 cm ($=Q_y/K$)		0.86 cm ($=Q_y/K$)	

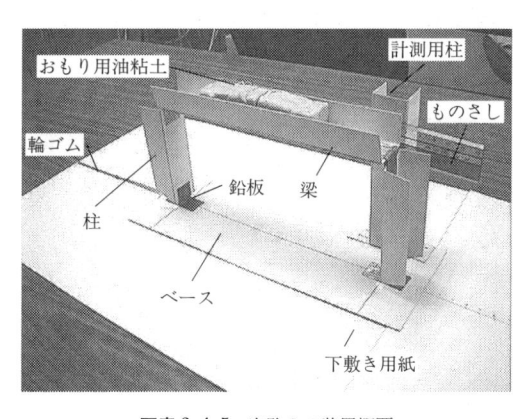

(注) $W_0=3.75\,\text{gf}=0.03675\,\text{N}$

写真3.4.5 実験2の装置概要

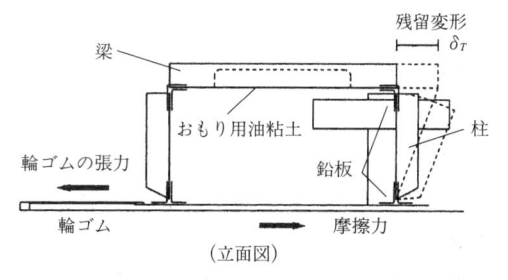

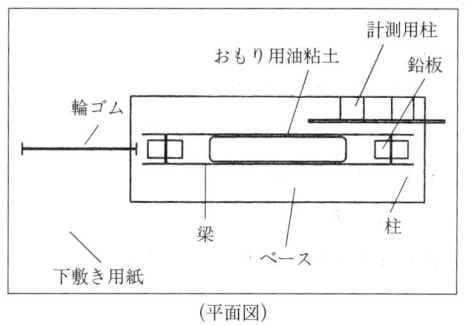

図3.4.4 実験2の装置概要

として，また，初期の弾性範囲のデータから弾性剛性 K を読み取る．また，Q_y，K から，降伏変位 $\delta_y(=Q_y/K)$ を計算する（表3.4.2）．

③ 得られた Q_y，δ_y をもとに，図3.4.3に示すように，荷重-変位関係を大略近似した Bi-linear 型の直線を書き込む．

この実験のワークシート例を表3.4.2に，実験風景を写真3.4.4にそれぞれ示す．

3) 実験結果の考察

図3.4.3の門形フレームの水平力と水平変形関係を見ると，弾性範囲があること，明瞭な塑性変形領域があること，また大きな変形が生じ

第3章 骨　　組

たときにも耐力の劣化のない粘り強い抵抗性状を示していることがわかる．

建物が耐えうる最大の水平力を保有水平耐力と呼んでいる．Bi-linear型の直線の最大荷重値 Q_y は各模型の保有水平耐力であり，FW，FM，FS の順に大きい．

降伏変位 δ_y は 0.8～1.1 cm と非常に大きいものの，それ以外の特性は通常の建築鉄骨フレームのそれと非常に似通っている．

(3) 塑性変形量と保有水平耐力との関係を求める実験［実験2］

1) 模型の製作

［準備するもの］
- 実験1での門形フレーム模型 FW, FM, FS
- 表紙用厚紙 (272×391 mm，B4サイズ)：6枚
- 輪ゴム：6本
- 油粘土：250 gf
- ホッチキス
- セロテープ
- はかり

実験2の装置の概要を図3.4.4，写真3.4.5に示す．

代表的模型 FM を用いた実験装置の製作手順を以下に示す．

① 272×391 mm の厚紙2枚をセロテープでつなぎ合わせて 272×782 mm の下敷き用紙とする．写真3.4.5，図3.4.4に示すように，輪ゴム2本をくくりあわせて，下敷き用紙の短辺中央に輪ゴムの一端をホッチキスで止める．他端を門形フレームのベース短辺中央部に同様にホッチキスで止める．

② 油粘土の重さが 0.809 N (82.5 gf) となるようにはかりで計って取り分け，門形フレーム梁に載せる．

他の模型についても，同様に装置を製作する．

写真3.4.6 塑性変形量と保有水平耐力の関係を求める実験2の風景

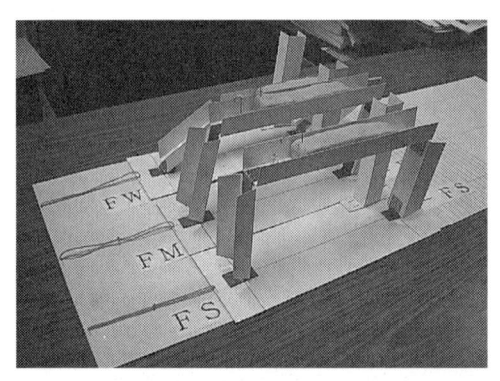

(a)

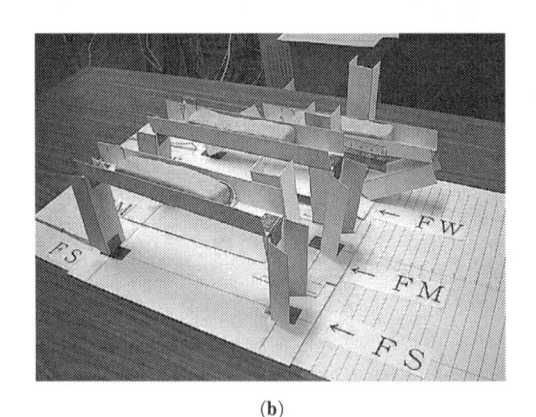

(b)

写真3.4.7 同一の運動エネルギーを与えたときの模型の変形状況

2) 実験の手順

輪ゴムの力で門形フレームに運動エネルギーを与え，そのときに生じる残留変形から，塑性変形量と保有水平耐力との関係を求めてみよう．

表3.4.3 塑性変形量と保有水平耐力の関係を求める実験2のワークシート例

δ_s (cm)	δ_r (cm)						$\mu(=\delta_r/\delta_y+1)$ (－)		
	FW	備考	FM	備考	FS	備考	FW	FM	FS
3.0	0.10		0.00	弾性範囲	0.00	弾性範囲	1.10	1.00	1.00
4.0	0.50		0.35		0.15		1.50	1.32	1.17
5.0	6.00	倒壊	0.60		0.25		7.00	1.55	1.29
6.0	6.00		1.55		0.45		7.00	2.41	1.52
7.0			2.50		0.80			3.27	1.93
8.0			3.50		2.00			4.18	3.33
9.0			6.00	倒壊	4.40			6.45	6.12
10.0			6.00		5.40	倒壊せず		6.45	7.28
Q_y	0.330 N		0.404 N		0.553 N				

模型 FW, FM, FS について，以下の手順で実験を行う．

① 門形フレームを下敷き用紙におき，門形フレームのベースを少しだけ引っ張って手を放し，輪ゴムの引張力を，下敷き用紙とベースとの間に生じる摩擦力と釣り合わせる．このとき，机を少し叩いて，輪ゴムの変形が落ち着く位置を探し，そこを原点として，下敷き用紙に線を書き込む．

② その原点位置から輪ゴムに引張力が生じる方向に，門形フレームのベースを変位 δ_s だけ引っ張り，手を放して，輪ゴムに貯えられた弾性ひずみエネルギーを門形フレームに運動エネルギーとして与え，運動終了後の柱頂部の残留水平変形量 δ_r を計測する（図3.4.4）．同様にして，残留水平変形をもとに戻してから，δ_s を 1.0 cm から 10.0 cm まで 1 cm 刻みで変化させて，輪ゴムの伸び δ_s に対応する残留変形 δ_r を計測する（写真3.4.6）．

③ 得られた結果をもとに塑性化の程度を表す次式で定義される塑性率 μ を算定する．

$$\mu=\frac{\delta_r}{\delta_y}+1 \tag{1}$$

実験2のワークシート例を表3.4.3に，輪ゴムの伸び δ_s が 6 cm のときの各模型の変形状態を写真3.4.7(a)(b)に示す．

3) 実験結果と考察

表3.4.3の網かけ欄からわかるように，輪ゴムの伸び δ_s を 6.0 cm として，各模型に同一の運動エネルギーを与えたときの模型 FW, FM, FS の残留水平変形量 δ_r は，それぞれ 6.0 cm（倒壊），1.55 cm（大きな塑性化，$\mu=2.4$），0.45 cm（軽微な塑性化，$\mu=1.5$）となる．この関係を実験1で求めた Bi-linear 型直線を使って水平荷重―水平変位関係上に書くと，図3.4.5のようになる．

これから，保有水平耐力を大きく設定すると，残留変形または塑性化の程度を小さく抑えることができ，逆に耐力を低くすると変形が大きくなる．そして，ある限度を越えて保有水平

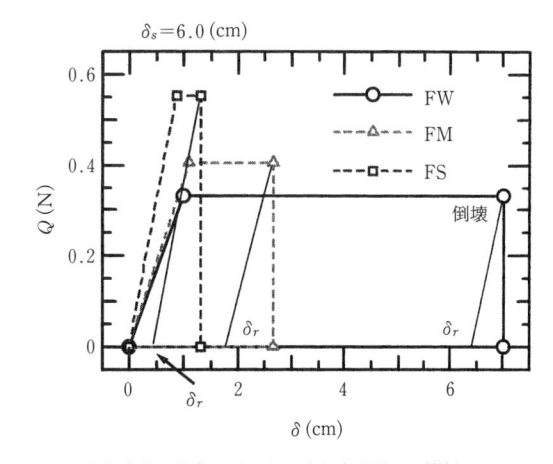

図3.4.5 保有水平耐力と残留変形量との関係
輪ゴムの伸び δ_s＝6.0 cm を与えた場合

耐力を小さくしてしまうと急激に変形が大きくなって，倒壊することがわかる．

ここで，これらの実験結果をもとに設計論的観点から考察してみよう．

いま，輪ゴムの伸び δ_s が 6.0 cm の運動エネルギーが設計で想定する外力としてみよう．門形フレームをまったく塑性化させないことを設計目標とすると，門形フレームの設計耐力すなわち必要保有水平耐力は，図 3.4.5 から予想すると 0.80 N 程度以上と予想される．一方，多少塑性化してもかまわないが人命は保護する（倒壊はさせない）ことを設計目標とすると，塑性率 μ が 1.5 まで骨組に粘りがあり破壊しないときは，FS 模型のように必要保有水平耐力は 0.551 N で十分であり，さらに塑性率 μ が 2.4 まで破壊しないときは，FM 模型のように 0.404 N でもよいことになる．また，FW 模型のように，いくら粘りがあるといっても，保有水平耐力を 0.330 N 以下にしてしまうと倒壊してしまい，危険ということになる．

また，必要保有水平耐力は，建物の初期建設コストに密接に関係する．

これらのことから，設計目標として，建物の塑性化を許容し，十分粘りのある骨組を採用することにすれば，必要保有水平耐力は低減でき，安全性を確保しつつ経済的な設計が可能となることがわかる．

(4) ま と め

骨組の粘りと必要保有水平耐力の関係を，最も単純な構造である，1 層 1 スパンの門形フレームを例にとり，骨組の運動エネルギーが与えられたときの変形状態から確認した．これらの実験から，骨組の粘りが耐震設計上いかに重要であるかわかった．

耐震基準にある構造特性係数[1] D_s 値は，大地震時における建物の必要保有水平耐力を定める係数であり，本節で実験し確認した現象をその根拠としている．この係数の理論的背景に興味のある読者は，例えば参考文献 2)～4) を一読されることを薦める．

参考文献
1) 大崎順彦：実務家のための建築物の耐震設計法，コロナ社，pp. 85～86, pp. 130～132, 1982.
2) 田治見 宏：建築振動学，コロナ社，pp. 132～134, pp. 153～155, 1982.
3) 柴田明徳：最新 耐震構造解析，森北出版，pp. 129～139, 1985.
4) 秋山 宏：建築物の耐震極限設計，東京大学出版会，1987.

3.5 ラーメン構造紙模型の製作

(1) 概　　要
1) 目的
ラーメン構造の骨組や接合部の構成，およびボルト配置や溶接加工，組立の理解に役立てるため，その構造の一部分を製作する．

2) 模型製作のモデル建物
モデルとする実物建物は，図3.5.1に示す6階建ての事務所建築の1階部分である．

3) 模型製作の手順
製作はできるだけ実際の工場での手順を再現するようにし，以下の3段階で行う．

(第1段階) 部材の製作
角形鋼管と組立H形鋼を製作する．

(第2段階) パーツのカット，ボルト孔加工
接合部溶接組立
通しダイアフラム形式仕口，ブラケット，高力ボルト継ぎ手，埋込み柱脚部，小梁仕口

(第3段階) ボルト組立
アンカーボルトによる柱脚の接合部，
高力ボルト梁継ぎ手接合部，小梁接合部

(2) 準備するもの
(材　料)
・スチレンペーパー (または厚紙)
　3 mm 厚：450×550 mm 程度
　2 mm 厚：300×200 mm 程度
　1 mm 厚 (厚紙)：200×100 mm 程度
・ボルト
　丸頭 M 2×8 mm×14+3=17 本 (ウェブ継手)
　丸頭 M 2×10 mm×56 本 (フランジ継手)
　丸頭 M 2×10 mm×4 本 (アンカーボルト用)
・化粧ベニヤ用カラー釘径 1.5 mm×56 本
　実建物との材料の対応を表3.5.1に示す．

(道　具)
・カッターナイフ　・カッティングマット
・グルーガン (日曜大工道具店，手芸店など

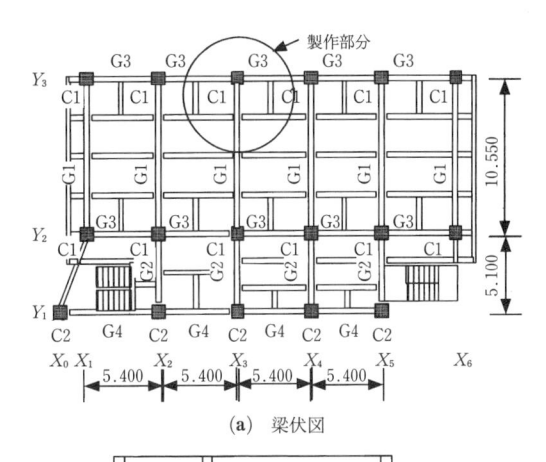

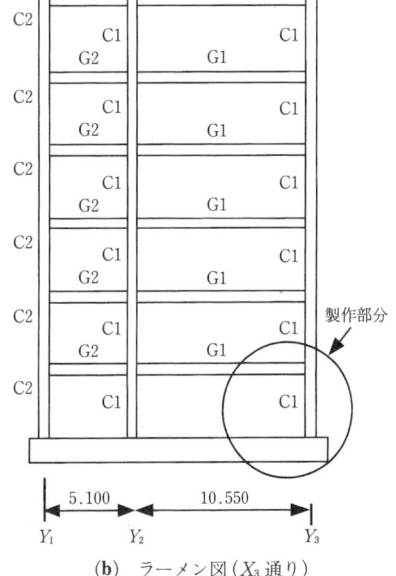

(a) 梁伏図

(b) ラーメン図 (X_3 通り)

図3.5.1　建物の構造図

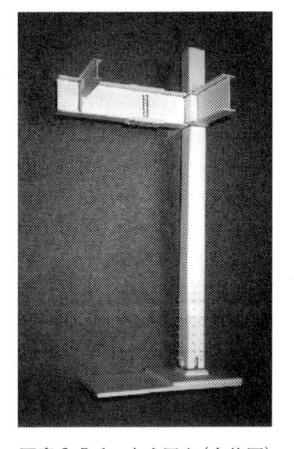

写真3.5.1　完成写真 (全体図)

で購入できる），グルーガン用ホットスティック：銀色　・きりまたはドリル（2.5 mm 孔あけ用）　・ドライバー

(3) 部材の製作
1) 部品の準備
付図の寸法に従って，スチレンペーパーに部品型を製図（ボルト孔位置，スタッド位置なども製図する）して切り取る．

2) 角形鋼管の製作
実物では，図 3.5.2 のようにプレス成形されアーク溶接されるが，模型では以下の手順で製作する．

① 折曲げ位置（角部の内部側（裏側）で破線で示す）にカッターナイフで軽く切込みを入れる．
② 四隅の角部を折り，輪ゴムなどで断面を正方形に保った状態で，外から溶接部をグルーガンで完全溶込溶接を想定して接着する．
③ 部材端部の接着部は，35°（図 3.5.6 を参考に）にカッターナイフで削る．

3) 組立 H 形鋼，ブラケット，小梁の製作
① 製作時に動かないよう接着剤などでスポット接着して固定する．柱仕口部付近では，ブラケットのウェブ（柱接着側）がフランジより 3 mm 長いことに注意．
② グルーガンを用いてフランジとウェブ両面を隅肉溶接を想定して接着する（写真 3.5.2）．接着の肉盛りは板厚程度になるよう調節する．

(4) 仕口部の製作
完成図（図 3.5.3），組立図（図 3.5.4），仕口詳細図（図 3.5.5）を参考にして製作する．

1) 孔あけ
ブラケットの一方端部，および継ぎ手板に梁継ぎ手ボルト孔をあける（このとき継ぎ手板と重ねてあけると孔の位置が一致する）．ボルト孔は，頭付き押しピンであけた後，きりまたは 2.5 mm 径ドリルを用いる．

2) 完全溶込溶接を想定した接合方法（図 3.5.6 を参考）
① 接着部を角度（35°）に合わせカットす

表 3.5.1　実建物と模型材料寸法

実建物部位断面	模型材料
角形鋼管 450×450×25（$r=100$）	スチレンペーパー 3 mm
組立 H 形鋼 (G 1) BH-700×300×14×28 (G 3) BH-700×250×14×25	スチレンペーパー フランジ 3 mm ウェブ 2 mm
H 形鋼 (小梁) H-346×174×6×9	スチレンペーパー 1 mm
ダイアフラム　　　　　$t=30$	スチレンペーパー 3 mm
ベースプレート　　　　$t=30$	スチレンペーパー 3 mm
継手板　　　　　　　　$t=25, 10$	スチレンペーパー 2, 1 mm
ガセットプレート　　　$t=15$	スチレンペーパー 2, 1 mm
高力ボルト M 22（大梁）， M 16（小梁仕口）	M 2×8 mm M 2×10 mm
アンカーボルト　　　　M 16	M 2×10 mm
スタッドボルト 16ϕ，頭部 29，$L=100$	釘 1.5 mm

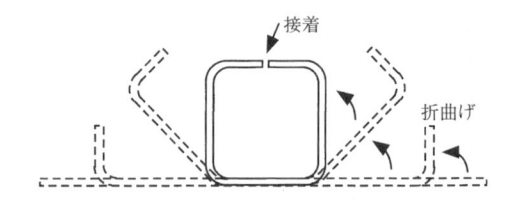

図 3.5.2　角形鋼管の製作

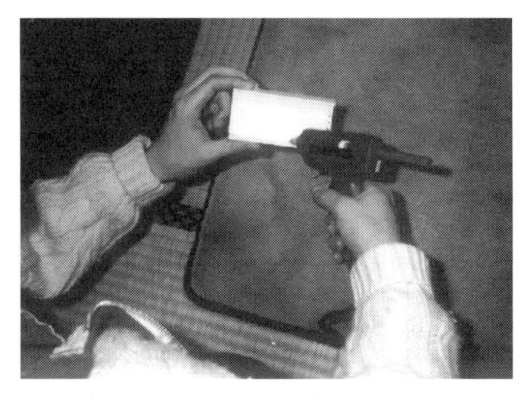

写真 3.5.2　グルーガンによる溶接

3.5 ラーメン構造紙模型の製作

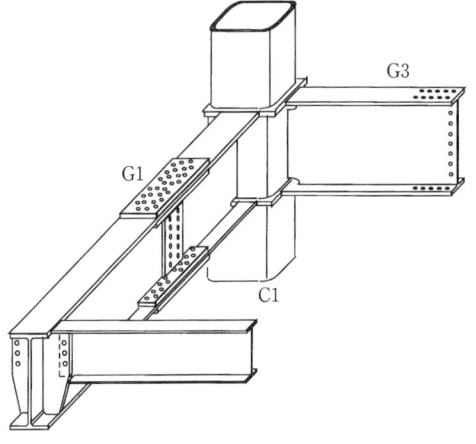

(a) 接合部完成図

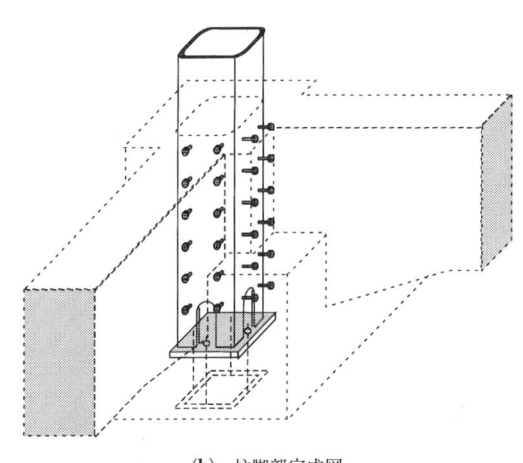

(b) 柱脚部完成図

図 3.5.3　完成図(紙面の都合上，柱中間部をカットしてある)

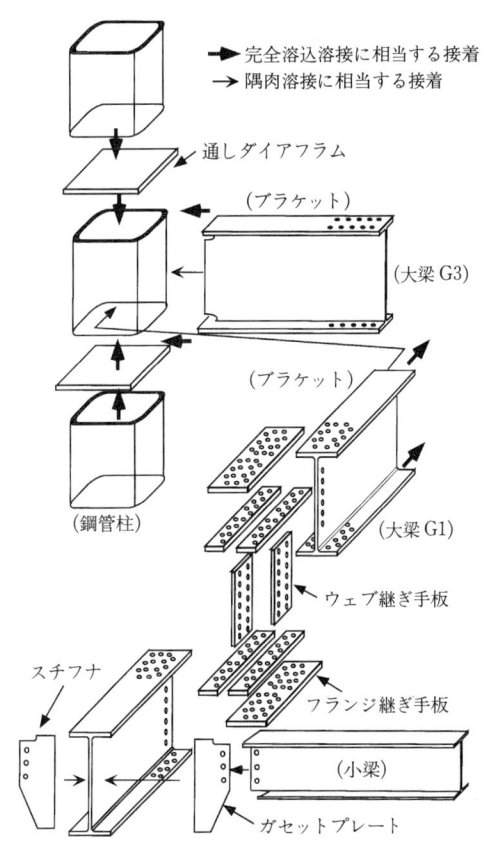

図 3.5.4　仕口，接合部パーツ図

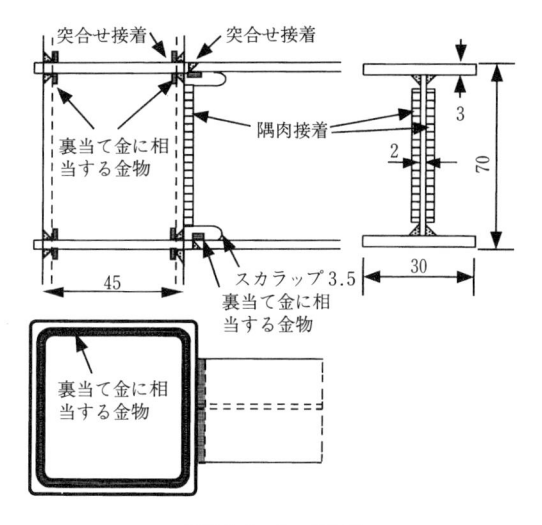

図 3.5.5　仕口詳細図

る．
② 裏当て金に相当する部分を接着する．
③ 35°の溝に沿ってグルーガンで接着する．

3) 通しダイアフラムと柱の接着 (4か所)

鋼管内部周囲に裏当て金を接着し，通しダイアフラムに完全溶込みの接着をする．

4) ブラケットの加工と接着 (x, y 方向とも同じ)

① スカラップを切り取る．
② フランジ接着部を 35°にカットする．
③ 裏当て金をフランジ部に接着する．
④ フランジを完全溶込接着する(実物では，接着部の両端部まで十分な接着が行われるようにエンドタブが用いられる)．

⑤ ウェブを隅肉接着(両面，図 3.5.5 参考)する．

5) 柱脚の製作

完成図とパーツ図(図 3.5.7)を見ながら組

81

第3章　骨　　組

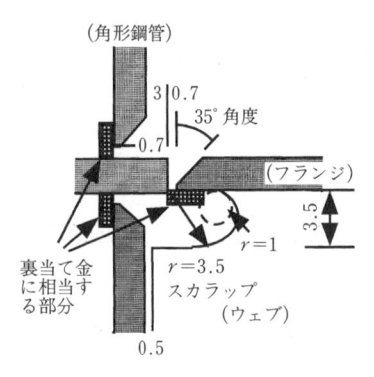

図3.5.6　完全溶込溶接部分

図3.5.7　柱脚部完成図とパーツ図

み立てる．

① ベースプレートにはアンカーボルト孔をあけておく．

② まず鋼管柱脚部の内部側に裏当て金を仮接着し，外からグルーガンで接着する．

③ スタッドボルトを想定した釘を長さ10 mmにカットして接着（木工用ボンドなどで）するのが正しいが，難しいので押しピンで孔をあけ，釘を差し込んで外見だけそれらしくしてもよい．

6）高力ボルト接合される大梁の加工

① 小梁の取付け部用のガセットプレートにボルト孔をあける．

② 大梁の小梁取付け部にガセットプレートを隅肉接着する（大梁の両側2か所）．

7）小梁仕口の加工

① 小梁の下部フランジは，ガセットプレートがぶつからないよう一部を切り取ってあるほうにする．

② ウェブにボルト孔をあける．このとき，小梁と大梁のフランジの上面が水平に一致するよう確認する．

(5) 組立（現場組立）

① アンカーボルトは，ナット部がベースプレート上側になるよう下側からベースプレート孔に差し込む．

② ベースプレート下部に，余ったスチレンペーパー板（3mm）を接着して柱が安定して立つようにするとよい．

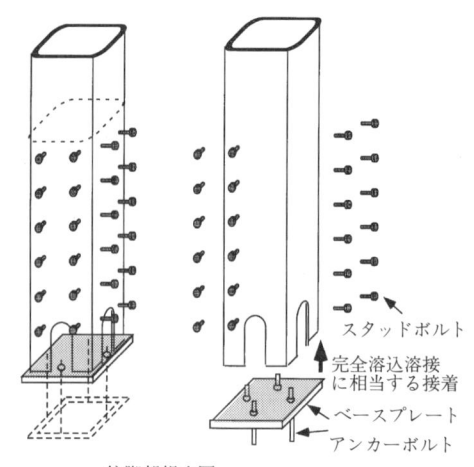

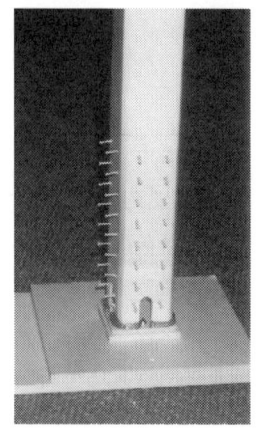

写真3.5.3　完成写真（詳細）

③ 前出の完成図を参考にして，大梁ボルト継ぎ手接合および小梁ボルト接合を行い組み立てる．

3.5 ラーメン構造紙模型の製作

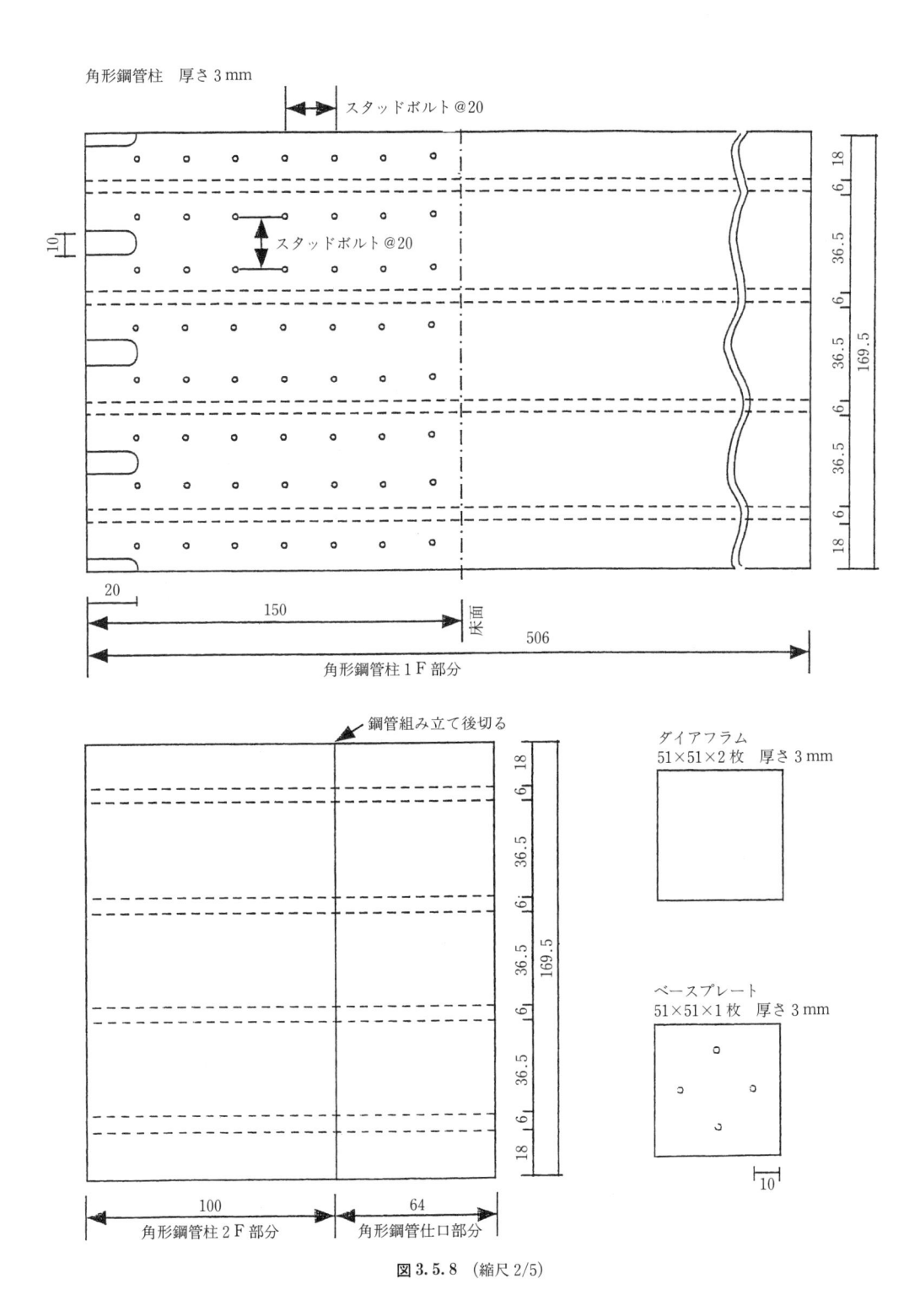

角形鋼管柱 厚さ3mm
スタッドボルト@20
スタッドボルト@20
角形鋼管柱1F部分

鋼管組み立て後切る

ダイアフラム
51×51×2枚 厚さ3mm

ベースプレート
51×51×1枚 厚さ3mm

角形鋼管柱2F部分　角形鋼管仕口部分

図3.5.8 （縮尺2/5）

第3章 骨　　組

大梁ブラケット×2枚
G1 フランジ 30×120×2枚　厚さ3mm
35°に削る

G3 フランジ 25×120×2枚　厚さ3mm
35°に削る

G1，G3 ウェブ 64×123×2枚　厚さ2mm
スカラップ 3.5

大梁 G1　梁スパン部(部分)
フランジ　30×170×2枚　厚さ3mm

ウェブ 64×170×1枚　厚さ2mm
(小梁位置) 130

裏当て金　厚さ1mm
ダイアフラム(鋼管内部)　2.5×160×4枚
ベースプレート　2.5×35×4枚
梁フランジ　2.5×38×2枚
梁フランジ　2.5×32×2枚

小梁
フランジ 17.5×100×1枚　厚さ1mm

フランジ 17.5×100×1枚　厚さ1mm
切り取る

ウェブ 33×100×1枚　厚さ1mm

大梁 G1 フランジ継ぎ手板
30×82×2枚　厚さ2mm

11.5×82×4枚　厚さ2mm

大梁 G1 ウェブ継ぎ手板
16.5×52×2枚　厚さ1mm

小梁ガセットプレート
22.5×64×2枚
厚さ1mm

(単位：mm)

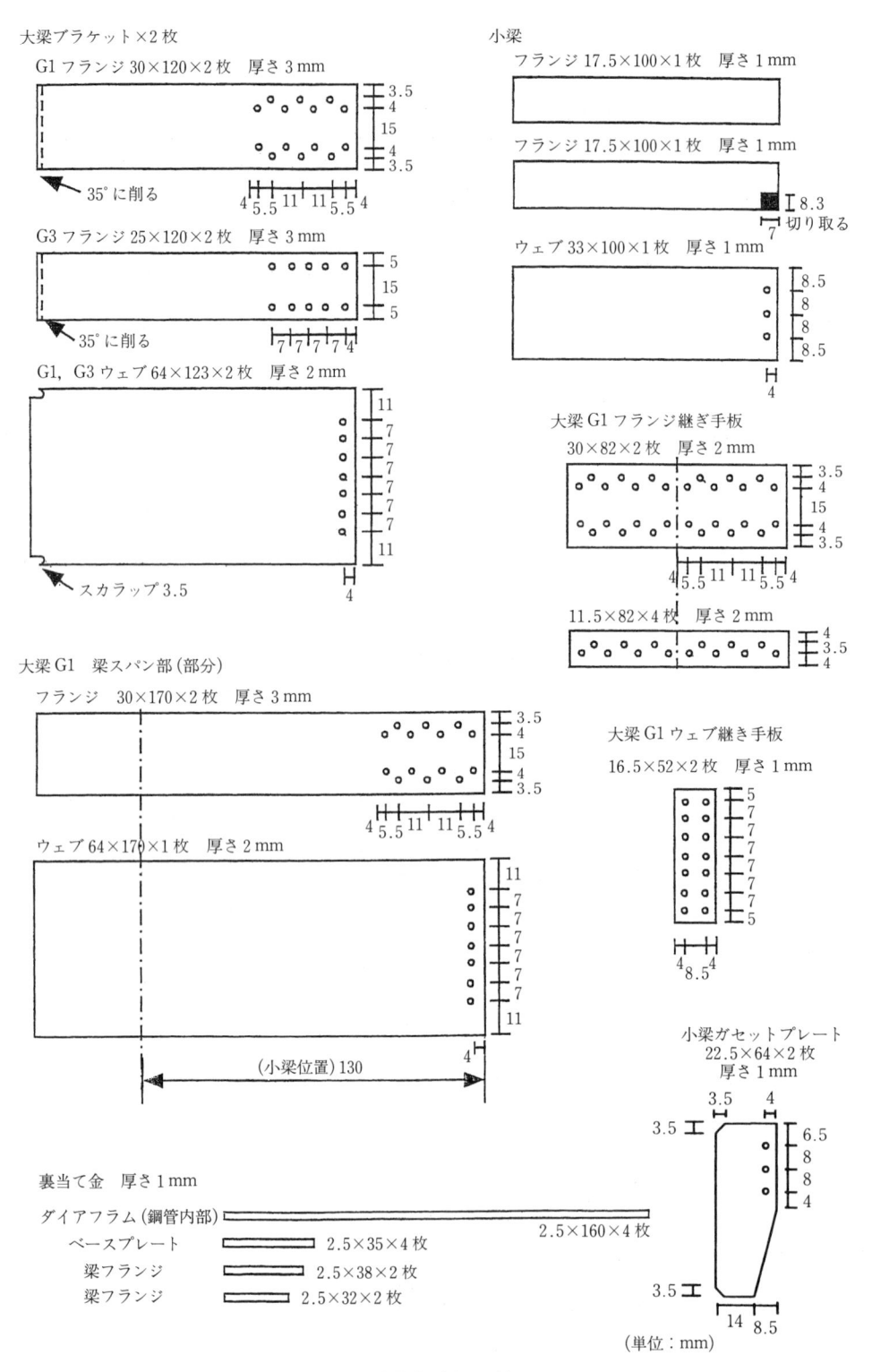

図 3.5.9　(縮尺 2/5)

付録1 模型材料，工具と計測用具

ここでは，代表的な模型材料および計測用具について説明する．以下では，模型材料，接合用材，おもり材，工具，計測用具の5つに分類して，使用感，用途，留意点等を示す．

1. 模型材料

代表的な模型材料の一例を写真1〜4に示す．

■ ケント紙，ミューズ紙，イラストボード

薄板から構成される鋼構造部材は，ケント紙等で作成するとその抵抗性状をよく表現できる．紙厚も0.02 mmの薄手のものから，3.0 mmの厚手のものまで各種製品として出まわっている．

紙はほぼ弾性挙動を示すが，圧延方向と圧延直交方向とでは剛性が異なるので注意されたい．

■ スチレンボード，スチレンペーパー

スチレン，発泡スチロールが主成分であり，非常に軽く，また剛性も低い．後述のスチレンカッターを用いると，成形，工作が非常に簡単である．スチレンペーパーは，スチロール板両面に紙がついたものであり，板厚を厚くできる．スチレンボードは板厚20 mm以下のものが，スチレンペーパーは板厚3 mm，5 mm，7 mm等のものが，それぞれ市販されている．

■ 人形吊りばね，輪ゴム，アルミホイル

人形吊りばねや輪ゴムは非常にたわみやすいので，変形を強調したい場合のトラス，ブレース材としての利用が考えられる．また，アルミホイルは，形鋼のウェブ材に使用すると，せん断座屈現象を観察できる．

■ 針金，鉛板，スパゲッティ

針金，鉛板は非常に粘り強い変形性状を，一方スパゲッティは非常に脆い変形性状を示す骨組の梁，柱材として使用することが考えられる．

■ シリコンゴム，エポキシパテ

シリコンゴム，エポキシパテともに，硬化剤を混入することで固まる性質をもった接着材料であり，様々な形状を形成できる．溶接接合部の教材として利用できよう．

このほかにも，つまようじ，釘，ボルトおよびスポンジは，スタッドボルト，アンカーボルトお

写真1 模型材料（スチレンボード，スチレンペーパー）

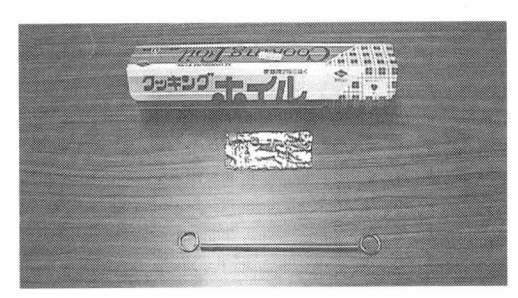

写真2 模型材料（アルミホイル，人形吊りばね）

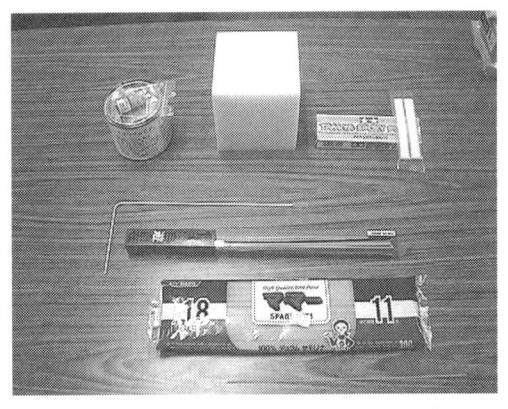

写真3 模型材料（シリコンゴム，スポンジ，エポキシパテ，針金，スパゲッティ）

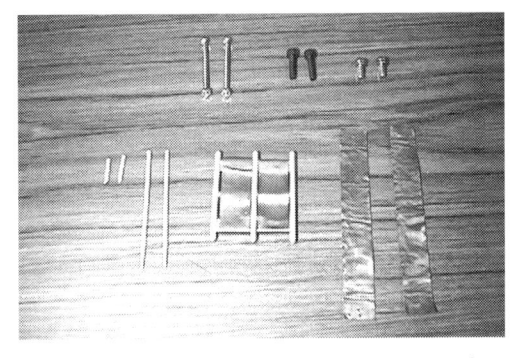

写真4 模型材料（ボルト，つまようじ，釣り用鉛板）

付録1 模型材料，工具と計測用具

よび基礎コンクリート等を表す模型材料としての利用が考えられる．

2. 接合用材

接合用材の代表的なものを写真5，6に示す．

■ **プーリー，ポリユニット**

プーリーは，プラスチック製の滑車であり，荷重を作用させるための滑車や，摩擦を軽減したローラー支持部材として利用できる．

また，ポリユニットは，人形の手足等の可動部用製品であり，梁，柱接合部の塑性関節のモデルを示す教材としての利用が考えられる．

プーリー，ポリユニット等は模型店で入手可能である．

■ **セメダイン，ボンド，グルー，シルクピン等**

梁，柱材を組み合わせてフレームを作るときの接着剤として，セメダイン，ボンド，グルーを用いる．グルーは，後述のグルーガンで使う接着剤であり，高温で溶かして用いる．鉄，スチレンボード，木材を問わず接着可能である．手芸店やホームセンターで入手できる．シルクピンは，ピン支持をする材として利用できる．

■ **鉛板，透明プラスチック板（プラ板）**

これらの材を梁，柱材の接合部に差し込んで接合する．プラ板は0.2 mm程度の板厚であり，非常に曲げ剛性が小さい反面，軸剛性が高いので，これを用いて接合すると，力学的に良好なピン接合状態とすることができる．

一方鉛板は，その素材特性から，これを用いて接合すると，塑性関節状の挙動を再現することができる．

3. おもり材

おもり材を写真7に示す．

■ **粘土，5円硬貨，文庫本，釣り用おもり**

おもりとして重さの決まっている5円硬貨（1枚0.03675 N，3.75 gf）や文庫本，任意に重さが調節できる粘土が便利である．しかしながら，紙粘土は，長時間放置すると，乾燥によって質量が変化するという難点がある．

長時間にわたる実験で使用し，かつ質量の微妙な調整を要するのであれば，ナイフで簡単に削ることのできる鉛でできた釣り用おもりを利用する

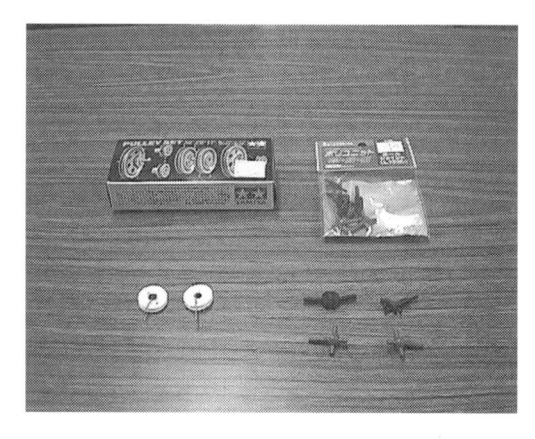

写真5 接合用材（プーリー，ポリユニット）

写真6 接合用材（ビニールテープ，セメダイン，グルー，ゼムクリップ，シルクピン，押しピン）

写真7 おもり材（折り紙粘土，紙粘土，5円硬貨）

付録1 模型材料，工具と計測用具

とよい．鉛は，密度も大きくスペースをとらないという利点もある．

4. 工具

代表的な工具を写真8, 9に示す．

■ **カッターナイフ，はさみ**

スチレンペーパー，ケント紙，ミューズ紙等は，カッターナイフ，はさみで成形するのが便利である．特に厚手の紙を折り曲げる際には，カッターナイフで薄く切れ目を入れて折り曲げるときれいに成形できる．

■ **スチロールカッター，スチレンカッター**

スチロールカッター，スチレンカッターは，ともにスチロール材を切断する工具である．建築模型を作成するときに使うものであり，正確な加工・切断ができる．

■ **グルーガン，ニッパー，ラジオペンチ**

グルーガンは，先端から高温の接着剤（常温で硬化する）が適切な分量だけ出てくるもので，材を問わず接着が可能である．手芸店等で入手可能である．ニッパーとラジオペンチは，針金等を切断，形成するのに便利である．

ここであげた基本的な工具は買い揃えて，精度のよい模型を作るよう心がけよう．

5. 計測用具

代表的な計測用具を写真10に示す．

■ **天秤，ものさし，ノギス**

おもりの重さは天秤により，また材の正確な断面形状はノギスにより，さらに模型の変形はものさしで，それぞれ計測できる．

■ **上皿ばかり，ばねばかり**

上皿ばかりは，座屈荷重値等を計量する荷重計として，ばねばかりは，水平力を計量する荷重計として，それぞれ利用できる．

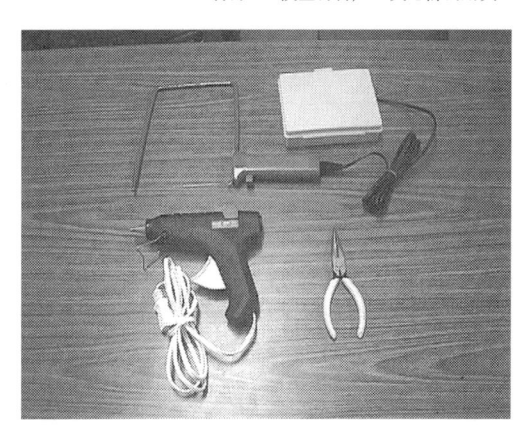

写真8 工具（スチロールカッター，グルーガン，ニッパー）

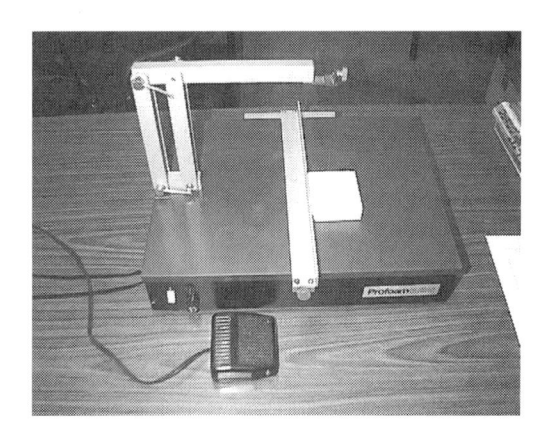

写真9 工具（スチレンカッター）

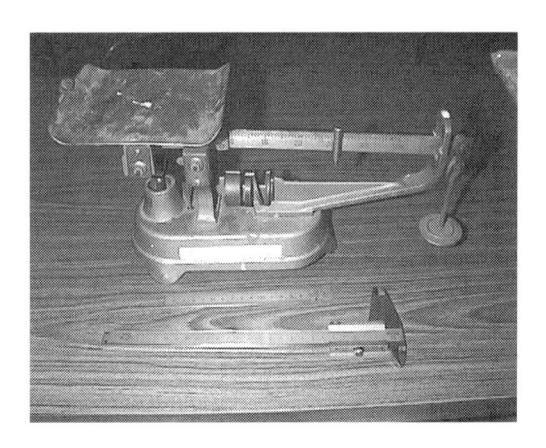

写真10 計測用具（天秤，ものさし，ノギス）

付録2　単位系の換算（重力単位系と国際単位系との相互関係）

長さ，質量，時間の単位に，それぞれ，メートル(m)，キログラム(kg)，秒(s)を用い，これらを基本単位として各種の単位を誘導する単位系をM・K・S単位系または絶対単位系と呼ぶ．力の単位は，質量1 kgの物体に1 m/s²の加速度を与える力で，1ニュートン(N)という．

この絶対単位系をもとに，現在の学術，産業分野で必要とされる単位系を網羅して作られたのが国際単位系(SI)である．

一方，長さ，時間の単位にはメートル，秒を，力の単位には質量1 kgの物体に働く重力，すなわち質量1 kgの物体の重さ(1 kgf)を用いて組み立てられた単位系が，重力単位系(工学単位系)である．

本書に示した諸量は，すべてこの国際単位系(SI)で記述されている．

以下には，読者の利便のために，構造力学に関連する，重力単位系と国際単位系との間の換算表を示す．各表の行は各単位において等価な量を示している．例えば，表1の1行目は，$1\,\mathrm{N} = 10^5$ dyn＝0.1019716 kgfであることを示している．

表1　力の換算

N (国際単位系)	dyn (国際単位系)	kgf (工学単位系)
1	10^5	0.1019716
10^{-5}	1	1.019716×10^{-6}
9.80665	9.80665×10^5	1

表2　圧力・応力の換算

Pa (国際単位系)	bar	kgf/cm² (工学単位系)
1	10^{-5}	1.019716×10^{-5}
10^5	1	1.019716
9.80665×10^4	0.980665	1

$1\,\mathrm{Pa} = 1\,\mathrm{N/m^2}$

表3　仕事・エネルギーおよび熱量の換算

kJ (国際単位系)	kW·h	kcal
1	1/3600	0.2388459
3600	1	859.8452
4.1868	1.163×10^{-3}	1

$1\,\mathrm{J} = 1\,\mathrm{N \cdot m} = 1\,\mathrm{W \cdot s}$

紙模型でわかる鋼構造の基礎	定価はカバーに表示してあります

2001年 9 月14日　1 版 1 刷　発行　　　　ISBN 4-7655-2455-8 C3052
2006年10月10日　1 版 2 刷　発行

　　　　　　　　　　　　　　　　　編　者　社団法人鋼材倶楽部
　　　　　　　　　　　　　　　　　　　　　鋼構造教材作成小委員会
　　　　　　　　　　　　　　　　発行者　長　　滋　彦
　　　　　　　　　　　　　　　　発行所　技報堂出版株式会社
　　　　　　　　　　　　　　　　　　　東京都千代田区神田神保町 1-2-5
日本書籍出版協会会員　　　　　　　　　〒101-0051　（和栗ハトヤビル）
自然科学書協会会員　　　　　　　　　　電　話　営業　(03)(5217)0885
工 学 書 協 会 会 員　　　　　　　　　　　　　　編集　(03)(5217)0881
土木・建築書協会会員　　　　　　　　　Ｆ Ａ Ｘ　　　　(03)(5217)0886
　　　　　　　　　　　　　　　　　　　振 替 口 座　　00140-4-10
Printed in Japan　　　　　　　　　　　http://www.gihodoshuppan.co.jp/

Ⓒ The Kozai Club, 2001　　　装幀　海保　透　　印刷／製本　エイトシステム

落丁・乱丁はお取替えいたします．
本書の無断複写は，著作権法上での例外を除き，禁じられています．

● 小社刊行図書のご案内 ●　　http://www.gihodoshuppan.co.jp/

建築用語辞典（第2版）	編集委員会編	A5・1258頁
鋼構造用語辞典	日本鋼構造協会編	B6・250頁
鋼構造技術総覧［建築編］	日本鋼構造協会編	B5・720頁
騒音制御工学ハンドブック	日本騒音制御工学会編	B5・1308頁
見落としてはならない非構造部材・設備と躯体との取合い	日本建築構造技術者協会編	B5・158頁
RC建築物躯体の工事監理チェックリスト（第2版）	日本建築構造技術者協会編	B5・168頁
鉄骨工事監理チェックリスト	日本建築構造技術者協会編	B5・242頁
杭の工事監理チェックリスト	日本建築構造技術者協会編	B5・208頁
鉄骨建築内外装構法図集（第2版）	鋼材倶楽部編	B5・398頁
ストラクチュア・システム 空間デザインと構造フォルム	H.Engel 著／JSCA関西翻訳グループ訳	A4・360頁
デッキプレート床構造設計・施工規準	建築研究所監修	B5・230頁
実例でわかる工作しやすい鉄骨設計 改善例78シート付き（第2版）	日本鋼構造協会編	B5・154頁
鉄骨鉄筋コンクリート構造設計例集	鋼材倶楽部編	B5・362頁
わかりやすい鉄骨監理	日本建築構造技術者協会編	A5・230頁
わかりやすい鉄骨の構造設計（第3版）	日本鋼構造協会編	A5・398頁
鋼構造設計演習（第4版）	日本鉄鋼連盟編	B5・320頁

電子版 建築用語辞典　●カシオ電子辞書EX-word DATAPLUS 2（エクスワードデータプラス2）専用ソフトウエア　建築用語辞典編集委員会編　●収録メディア＝CD-ROM

実務的で定評のある「建築用語辞典（第二版）」をカシオの電子辞書 Ex-word DATAPLUS 2 シリーズに移植しました。ソフトウエア単体（CD-ROM）のほか、プリインストールでもご購入できます。カシオ Ex-word DATAPLUS は、音声読上げ、高解像度液晶や SD メモリカードスロット、USB インターフェイスを備えた本格タイプの電子辞書であり、内蔵辞書のほか、別売で豊富な専門辞書が用意されています。

購入お申込みは、次の e-caio へ（一般の書店、電気店、量販店ではご購入できません。また、弊社でも販売は致しておりません。）
http://www.e-casio.co.jp/dictionary/exword/

*1 本 CD-ROM（ソフト）のインストールには、Windows 98/98SE/Me/2000/XP のいずれかが動作するパソコンが必要です。
*2 電子版建築用語辞典の内容は、書籍版建築用語辞典と一部異なる箇所があります。

■技報堂出版　TEL 編集 03 (5217) 0881　営業 03 (5217) 0885
FAX 03 (5217) 0886